智慧教育与教育智慧

——优学派支持下的精准教与学

○ **主编**

及小东　吴天飞

○ **副主编**

丁剑锋　张　恺

○ **编委**

陈　民　胡晓华　金永梅　李月莹

梁　琴　孟　强　苗二朝　杨宇恒

郑　雪　周　英

四川大学出版社

SICHUAN UNIVERSITY PRESS

项目策划：徐丹红
责任编辑：徐丹红
责任校对：周　颖
封面设计：何东琳
责任印制：王　炜

图书在版编目（CIP）数据

智慧教育与教育智慧 ：优学派支持下的精准教与学 / 及小东，吴天飞主编．— 成都 ：四川大学出版社，2021.5

ISBN 978-7-5690-4708-0

Ⅰ．①智… Ⅱ．①及… ②吴… Ⅲ．①教学研究－中学 Ⅳ．①G632.0

中国版本图书馆CIP数据核字（2021）第088172号

书名　智慧教育与教育智慧——优学派支持下的精准教与学

主　编	及小东　吴天飞
出　版	四川大学出版社
地　址	成都市一环路南一段24号（610065）
发　行	四川大学出版社
书　号	ISBN 978-7-5690-4708-0
印前制作	四川胜翔数码印务设计有限公司
印　刷	四川盛图彩色印刷有限公司
成品尺寸	185mm×260mm
印　张	13
字　数	315千字
版　次	2021年5月第1版
印　次	2021年5月第1次印刷
定　价	68.00元

◆ 读者邮购本书，请与本社发行科联系。
电话：(028)85408408/(028)85401670/
(028)86408023　邮政编码：610065
◆ 本社图书如有印装质量问题，请寄回出版社调换。
◆ 网址：http://press.scu.edu.cn

四川大学出版社
微信公众号

智慧教育源于教育的智慧

（代序）

春节之前，眼看着就要到期末了，各种总结，各种忙。一天，忽然收到好友丘校长的微信，说有一位编者，想邀请我为他们的新作做个序。老丘是我的好朋友，我很敬重他的为人。我回复他说："我必须读完书稿，才能决定自己是否要接受这个邀请。"

等我翻阅完发来的书稿，我不得不说，这是一部特色鲜明的好书，一部源自一线深耕课堂且充满教育智慧的好书。于是，我一口应允。再说了，读了别人的著作，有感而发，分享一下自己的阅读和学习心得，也算是作为对先睹为快的一种礼尚往来式的回应吧！

全书共分三个大部分。第一部分，技术融入，优化教与学。共有 16 个案例。第二部分，数据赋能，创新教与学。共有 7 个课例。第三部分，智慧引领，驱动学校发展。共有 8 个案例。

系统回顾这本书稿，可以看出这样几个明显的特征：

第一，聚焦案例，易于借鉴。全书所有的案例和课例均源自于使用优学派开展教学实践创新的实验学校的各个学科教师，其中也包括了编者的点评、分析和思考。源自于一线学校课堂教学实践的内容非常接地气，可为读者在自己的课堂教学中直接借鉴和应用。

第二，全面深刻，值得品读。智慧教育和许多教育信息化课题一样，都是实践先行的。这不仅给研究带来较大挑战，而且也会对一线教师造成很大的困惑。这本书既有来自学校和课堂的思考，又有教育信息化企业对于技术研发与服务层面的反思，值得品读。

第三，视角独特，题材新颖。这本书稿从服务于学校教育教学改革的角度出发，立足课堂一线，把实践和研究紧密结合，为我们提供了一个审视智慧教育和教育科技创新应用的独特视角。

第四，关注细节，求真务实。内容涉及不同学段和绝大多数学科，涵盖小学、初中学段的语文、数学、英语、美术、科学等诸多学科，这就使得本书具有了较广泛的读者群。这些源自于一线的课例，不仅给我们展现了作者深入学校扎根课堂的努力和收获，而且也展现了求真务实的扎实学风。

随着技术的进步及教育信息化实践的迅猛发展，智慧教育成了这些年来异常热门的话题之一。世界各国诸多教育信息化相关企业迅速介入，许多地方教育行政部门、各级各类学校，尤其是中小学都在积极推动。但是，真正落地生根的，常态化加以应用的，则并不太多。从实际执行的情况来看，其效果并不尽如人意。

在必不可少的学生终端与丝毫不容松懈的学生视力保护之间纠结，导致不少地方教育行政部门的领导、学校校长、家长和一线教师无所适从。在长期以来所形成的以教师的教为中心的教学法和学校教学管理常规的影响下，智慧教育在夹缝中寻找发展的空间。在“重成绩”“重分数”的教育环境中，基于移动终端的智慧教育，往往难以在个性化学习方面有显著的进展。一线教师在基于移动终端的教学法方面亟待获得高品质的培训，学生和家长迫切需要在使用移动终端高效学习方面得到指引和支持。于是，在许多地方，有许多智慧教育项目变成了“僵尸工程”，难以实现常态化发展。

我始终觉得，智慧教育不是学校的局部调整，而是一种全局性的和系统性的变革。我非常欣赏托马斯·弗里德曼（Thomas Loren Friedman）在《世界是平的》一书中的那两句名言：“单单引进技术是远远不够的！”“只有当新技术与新的做事情的方式方法结合起来的时候，生产力方面的巨大收益才会来临。”

技术不是魔法师，善用技术的教师，才是真正的魔法师。智慧教育的智慧，不是移动终端的智慧，不是人工智能的智慧，不是技术的智慧，而是技术派教师的智慧。今天，推动智慧教育，需要的是教育的智慧。学校只有创造性地把移动终端的引进、学习空间的创新、教学法的变革紧密结合起来，智慧教育项目才有可能散发出智慧的光芒。

这本书稿的局限性也是有的。比如，所有案例都是源自于优学派实验学校，这是有利的一面，也是有局限性的一面。再比如，全部案例来自一线，具有浓浓的实践探索特性。但是，对这些案例的总结归纳，对其抽象化概括和理论化提炼就略显不足。这不能不说是全书的一个小缺憾了！

好在瑕不掩瑜。作为一部扎根课堂的书稿，这本书很好地完成了历史使命。

我深信并期望，在后续的研究和实践创新过程中，编者和所有的一线教师会不断总结反思，通过行动研究和设计研究，在课堂教学实践中，通过设计者、教育工作者、一线教师、实验学校学生的通力合作，反复迭代，不断总结和升华，从而最终形成具有优学派特色的、带有浓郁实践智慧的智慧教育理论体系。

焦建利　博士/教授

华南师范大学未来教育研究中心主任

2021 年 2 月 10 日

目　录

技术融入，优化教与学

数据赋能，创新教与学

智慧引领，驱动学校发展

附　录

技术融入，优化教与学

优学派在小学低段识字教学中的应用

——以《妈妈睡了》教学实践为例

贵州省六盘水市钟山区第十五小学　李　琴

从语文教材的编排上来看，识字占据了小学低年段教学内容的半壁江山；从语文学习的角度来看，识字是一切学习活动的基础。《义务教育语文课程标准（2011年版）》对小学低年级的识字量有明确的要求：一二年级要认识常用汉字1600个左右，其中800个左右会写。所以，低年级的识字教学任务量并不小。但由于年龄的关系，低年级的学生注意力较差，对事物关注的时间较为短暂，尤其是刚进入小学阶段的学生，一时还无法完全适应小学的学习生活，更别提整节课都聚精会神了。基于此情况，如果我们还是像以往的方式一样：教师教读，学生跟读、指读、开火车读，在不停地重复中死记硬背，效果可想而知：教师教得身累、心累，学生转眼又不认识了。所以如何激发低年级学生的学习兴趣，让学生从不愿学到想学、乐学再到主动学，进而提高识字能力，巩固识字效果，是一个十分重要的研究课题。

针对这一课题，我校教师开展了优学派支持下的识字教学研究，经过多次实验、研讨，形成了小学低段学生识字教学模式：激发兴趣—确定重点—自主学习—释疑解惑—语境应用。在实践以上教学模式的同时融入优学派，调动学生眼、脑、手、耳多种感官协同参与，帮助他们在轻松愉快的氛围中乐学、好学、求学，真正成为课堂学习的主人。

以下，我将以部编版小学语文二年级《妈妈睡了》一课的教学为例，谈一谈我是如何利用优学派开展识字教学的。

一、谈话导入，引发冲突

“兴趣是最好的老师”，如何在开课之初就吸引到学生的注意力，是我思考最多的一个问题。低年级的学生以形象思维为主，他们对声音、颜色、动作更感兴趣，顺应他们的这一特点，我在《妈妈睡了》一课开始时，先是利用多媒体播放歌曲《世上只有妈妈好》并邀请全体学生一起唱，然后以聊天的方式循循善诱：“你们爱自己的妈妈吗?”“爱!”“你是用什么方式爱自己的妈妈呢?”“帮妈妈洗碗”“给妈妈倒水喝”，学生们七嘴八舌，情绪一下被调动了起来。我趁势导入课题，“我们今天的课文里有个小孩，他也很爱自己的妈妈，让我们走进课文，看看他是怎样爱妈妈的，好吗?”

接着，全班学生开始大声朗读课文。没过两分钟，朗读的声音逐渐微弱，并不断有学生举手，“老师，这个字怎么读呢?”“老师，好几个字我们都不认识。”……学生的问题越来越多。“同学们，阅读之前要先会读文章中的每一个字，现在我们遇到了‘拦路虎’，你们愿意和老师一起来把它们消灭掉吗?”一听到老师这么说，学生们个个儿都铆足了劲，瞪着一双双大眼睛猛点头。

二、现场生成，聚焦识字重难点

“万事开头难”，有了导入环节的层层铺垫，学生们的学习热情已经被点燃，接着就要组织他们展开学习了。

首先我打开优学派平台的电子课本，请学生在系统录音的带领下自由读课文（如图1所示），接着将电子课本截图生成互动题板发送给学生（如图2所示），请他们边读边用“○”圈出读起来、理解起来有困难的生字。通过平台的数据反馈，我便能快速了解学生需要帮助的生字，为接下来的教学提供依据：这些字对于学生来讲是真正的难点，是需要老师重点帮忙解决的。在过往的生字教学中，我们一般直接教学教材所列出的生字。但事实上，并不是所有的生字都是难点，这在无形中增加了教学时间，降低了教学效率。

截图生成任务是我在课堂中常用的一个操作，它为师生开展动态学习提供了最理想的平台，我可以根据学生的学习状态，随时生成探究任务或者检测试题，帮助学生开展深入学习。

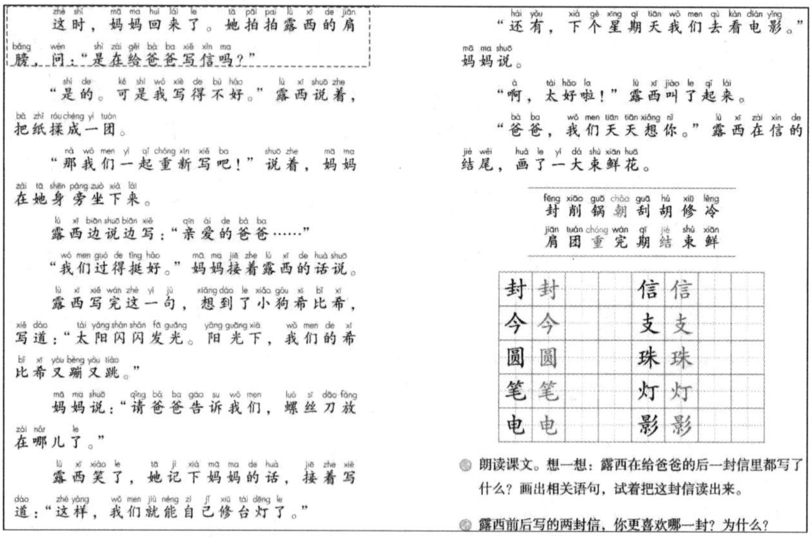

图1　电子课本带读

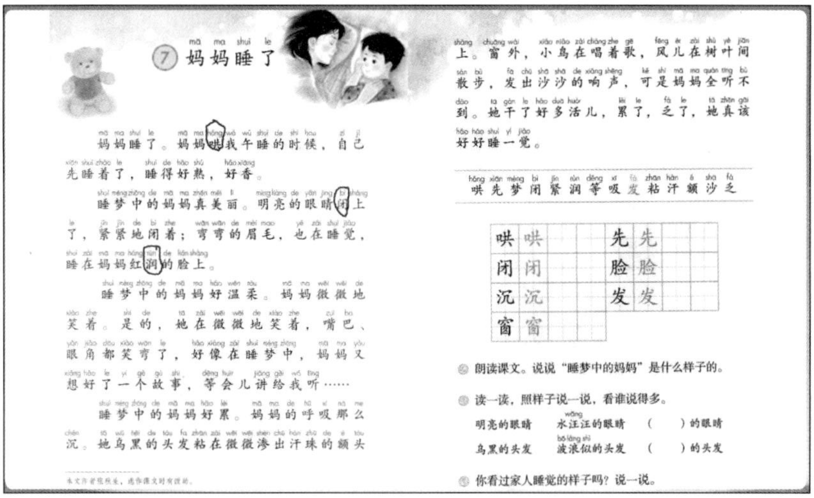

图 2 截图生成课堂任务

三、巧借优学资源，化解识字难题

确定了学生生字学习的重点、难点以后，我便给他们推送优学派自带的“汉字学习”资源，学生可以开展自主学习和小组合作学习。每个生字资源包含了“基本信息”“释义”“汉字运用”及“趣味拓展”四个部分（如图 3 所示）。每个生字卡片还可以翻面学习，背后是“生字带读”和“笔画笔顺”，其中，笔顺是以动画的形式呈现，学生可以一边听音一边观察，再跟着书空。这样下来，学生不但能识记字音、字形，还能用字组词、说句等。这样的学习方式和资源让教材中每一个单调死板的生字，变成了一个个学习小游戏，学生可以用耳听，动手写，动口读，用心记。

图 3 生字学习资源

用这种方式学习，能否达到良好的效果呢？那只有通过检测才能知晓了。检测环节，我一般会使用“小熊射手”和“斗地鼠”两个游戏组件（如图 4、5 所示）。内容上，可以检测学生对生字结构的掌握情况以及组词应用情况；形式上，这两个组件都是学习小游戏，既让学生乐于接受，提高学习兴趣，使其在玩中达到巩固、应用生字的目的，游戏后的数据统计又让教师及时准确地了解学生的掌握情况，为教师下一步的补充教学提供充实的数据支撑。在讲评错误的环节，我喜欢利用随机抽取或者抢答的方式寻找小老师，让会的学生给不会的学生讲解，从错因分析到结果纠正，都由学生一手完成。

图 4　小熊射手组件

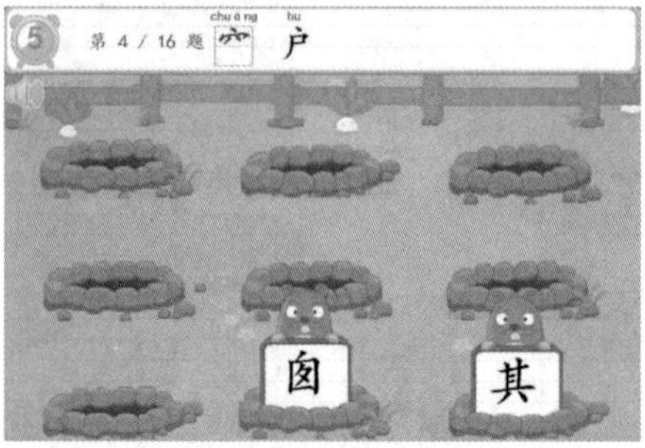

图 5　斗地鼠组件

四、语境中应用，练习中巩固

《义务教育语文课程标准（2011 年版）》指出：语文课程要致力于培养学生的语言文字运用能力，提升学生的综合素养。因此，在识字教学中我们应注重“结合学生的生活经验，引导学生利用各种机会主动识字，力求识用结合”。在学生基本掌握了字音字形以后，我会利用优学派的“在线组卷”功能，挑选一些语文试题组成试卷推送给学生，试卷类型多种多样，有连线题、填空题、判断题、选择题等（如图 6 所示）。这些题型短小、精准，能让学生在真实的语言环境中练习，及时巩固生字的应用。

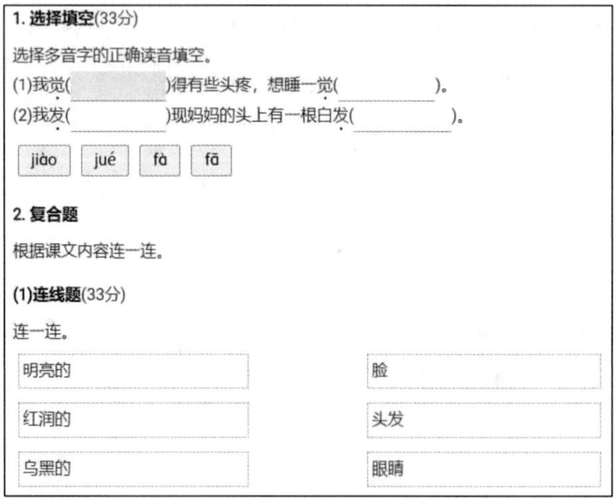
1. 选择填空(33分)

选择多音字的正确读音填空。

(1)我觉(　　)得有些头疼，想睡一觉(　　)。

(2)我发(　　)现妈妈的头上有一根白发(　　)。

jiào　jué　fà　fā

2. 复合题

根据课文内容连一连。

(1)连线题(33分)

连一连。

明亮的	脸
红润的	头发
乌黑的	眼睛

图 6　巩固练习

一分耕耘一分收获，40 分钟的课堂教学转瞬即逝。我们从兴趣入手，通过使用优学派的相关功能，让学生们在优美的音乐和五彩缤纷的画面中，经历了一场别开生面的听觉、视觉盛宴。实践表明，优学派与语文教学的融合应用，在丰富教学资源、激发学生学习兴趣、提高学习的自主性和主动性方面有着其他技术不可比拟的优势；优学派在课堂中的应用，使我们的语文课堂如虎添翼。随着教育信息化 2.0 时代的来临，在学科教学中深度融入信息技术，是当代每个教师都要认真思考的现实命题，也是学校落实素质教育的重要一步。作为一线教师，我们应肩负起使命，勇敢实践。

融技术于课堂，彰显教学智慧

——《狐假虎威》教学案例分析

陕西省汉中市陕飞一小　罗艳玲

一、教材分析

《狐假虎威》是部编版小学语文二年级教材第八单元的内容（如图1所示），它是一则寓言故事。课文运用生动形象的语言讲述了一只狐狸如何狡猾地骗过老虎，不仅自己逃脱危险，还借着老虎的威风吓跑了其他动物的故事。虽然二年级的学生是第一次在课堂中接触寓言故事，但好在本篇文章语言生动、有趣、形象，其中对狐狸和老虎的神态、动作、语言的描写，可以很好地调动学生的阅读兴趣。

21 狐假虎威

在茂密的森林里，有一只老虎正在寻找食物。一只狐狸从老虎身边窜过。老虎扑过去，把狐狸逮住了。

狐狸眼珠子骨碌碌一转，扯着嗓子问老虎：“你敢吃我？”

“为什么不敢？”老虎一愣。

“老天爷派我来做你们百兽的首领，你吃了我，就是违抗了老天爷的命令。我看你有多大的胆子！”

图1　《狐假虎威》课文内容

二、教学目标

《义务教育语文课程标准（2011年版）》在第一学段的阅读目标中强调："结合上下文和生活实际了解课文中词句的意思，在阅读中积累词语。"同时，结合本单元的教学重点之一："综合运用多种方法自主识字、自主阅读"，我将本课时的教学目标设定为：

1. 能正确、流利、有感情地朗读课文，能分角色演一演"狐假虎威"的故事，试着加上一定的动作、神情。

2. 通过借助图片、联系上下文等形式理解"狐假虎威"的意思。

3. 激发阅读寓言故事的兴趣和表演故事的乐趣。

三、教学环节

围绕以上教学目标，我设计并实施了以下教学环节。

（一）图片导入，激发学习兴趣

师：今天老师给大家带来了两位朋友，看看他们是谁？（出示狐狸和老虎的图片，如图2所示）狐狸和老虎之间会发生什么事情呢？你们想知道吗？

图2　课件出示老虎和狐狸的图片

二年级的学生还处在感性思维层面，对色彩鲜明的图片具有与生俱来的好奇心，加上教师语言上的引导，他们的学习兴趣很快就被激发了出来。

（二）字词检测，扫清阅读障碍

师：在正式进入故事之前，我要考考大家，你对本课的生字词都掌握了吗？（给学生推送包含本课生字词音、形、义方面知识的互动试题。）

借助互动检测试卷，教师快速发现学生的错点并及时推送相关资源进行补救，以帮助学生流畅阅读。如，反馈数据显示，大多数学生都将"狐"字的右边看成了"爪"字，于是教师立即使用平台的"汉字学习"组件给学生推送"狐"字的学习资源，图、文、声结合，帮助学生从字的结构、意义等方面重新认识“狐”字，纠正认识误区（如图 3 所示）。

图 3　趣味识字资源

在每一节新课之前，我都会让学生提前预习：读准字音，读顺课文。但学生预习的效果如何呢？对生字词掌握得如何呢？这是在正式进入课文教学前，教师必须要了解并解决的问题，所以在学生提前预习后我都会对其进行检测。由于二年级学生年龄较小，不宜在自主学习环节设置过多内容，因此对预习效果的检测，我一般会放在开课前的几分钟进行。

（三）整体感知，把握故事梗概

师：你们都通过了字词关，现在就让我们一起来看看狐狸和老虎之间究竟发生了什么事情吧！用你喜欢的方式读一读课文，读完后思考：这篇课文讲了一件什么事？课文中哪些词语可以概括？在文中圈一圈、画一画。（截图发送问答题，学生在课本上圈画以后拍照上传。）

学生圈画完成后，教师通过随机对比的方式查看几名学生的答案，最后引导学生在对比中达成共识：“逮住”“借着”“吓跑”“百兽”可以概括这篇课文。

平常教学中，我们也会要求学生在阅读课文时在书本上圈画关键词、做笔记等，但一到交流环节，教室里的投影设备一次性只能投射一份作业，学生只能一个一个分享，一个环节需要耗费很多时间才能理清楚。在优学派平台上，教师可以直接选取多名学生的答案进行对比查看，其他学生也可以通过对比发现大家思维的不同点，进而改进和完善自己的想法。相比于一个一个展示分享的方式，这样的方式更有助于学生思考。

（四）品读课文，感悟寓意

1. 品读第 1 自然段，你通过哪些词感受到了老虎的威风？（截图发送问答题，学生在书上勾画以后拍照上传。）

同样，在学生圈画完成后，教师通过随机对比的方式查看几份答案，在对比基础上鼓励学生品读关键词，最后在讨论交流中达成共识：“窜、扑、逮”体现了老虎的威风。而后教师再指导学生朗读出老虎威风凛凛的感觉就容易多了。

2. 品读课文2～6自然段，勾画出狐狸说的话并仔细品析，想一想狐狸为什么这么说呢？（发送“互动题板”，要求学生用直线勾画出狐狸说的话，如图4所示。）在此基础上，教师引导学生读演结合，感受狐狸的狡猾并体会故事寓意。

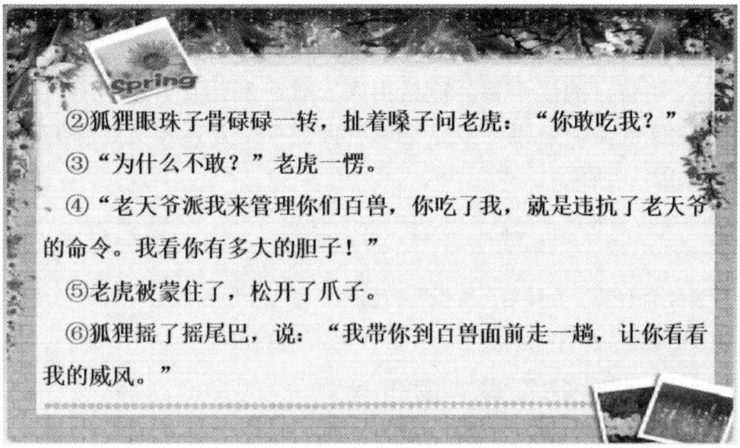

图4　发送互动题板任务

平常的教学中，让学生在书上勾画内容，总有部分学生抱着反正老师不会请到我的想法，坚决奉行“坐、等、靠”的懒惰思想。通过互动题板形式发送任务，一来教师可以随时监测到哪些学生是在“真学”，哪些学生是在“假学”；二来教师采用随机对比的方式查看学生作品，任何学生都有可能被选中，如此也会间接敦促学生认真思考和完成任务。

3. 品读课文第7、8自然段，圈出描写狐狸、老虎和百兽不同表现的词语。（截图发送优学派平台的互动课本，要求学生完成勾画，如图5所示。）

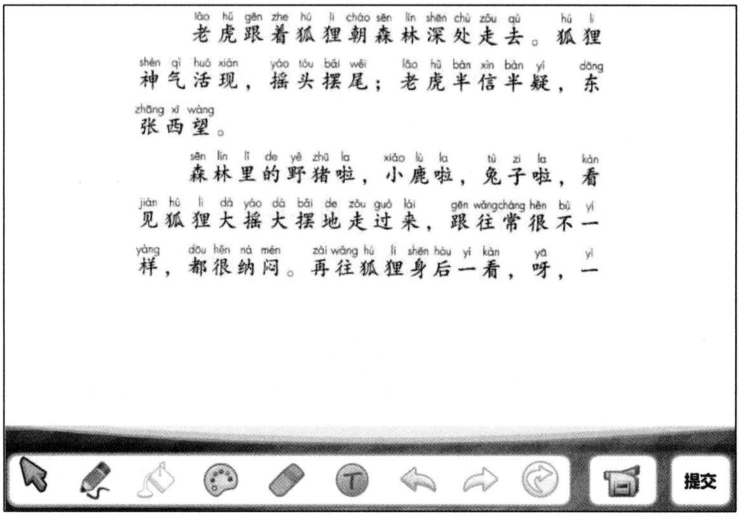

图5　截图发送互动课本

语文课中，时常需要学生在课本上勾勾画画、做笔记，但学生的认知要经过与教师和其他同学反复的交流讨论才能最终确定，如果一开始就让学生在书本上勾画的话，到最后达成共识，学生的课本早就不知道涂画成什么样了，特别不利于以后的复习。因此，我们一般会让学生在优学派上完成第一次的思考，待达成共识后再在书本上做好笔记。互动课本是优学派平台自带的课本同步资源，教师可以随时将需要学生研读的文本推送给学生，方便快捷，还能快速收到学生的反馈。

4. 回顾课文，总结主要内容。分多次品读完文章后，学生对课文已有了较深的理解，但还不能完全用自己的话语将其概括出来。教师利用优学派发送了一套互动试题，一是为了检测整堂课的学习效果，二是给学生提供一个复述课文内容的框架，帮助学生梳理主要内容（如图 6 所示）。

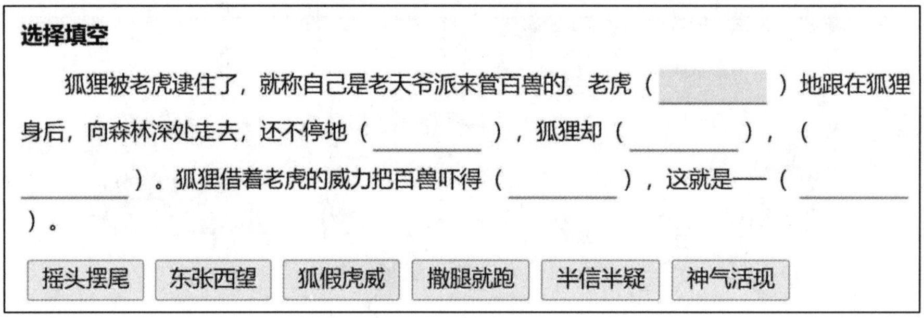
选择填空

狐狸被老虎逮住了，就称自己是老天爷派来管百兽的。老虎（________）地跟在狐狸身后，向森林深处走去，还不停地（________），狐狸却（________），（________）。狐狸借着老虎的威力把百兽吓得（________），这就是——（________）。

摇头摆尾　东张西望　狐假虎威　撒腿就跑　半信半疑　神气活现

图 6　互动试题检测学生对课文的掌握情况

5. “你喜欢这个故事中的狐狸吗?”最后教师发送了一个投票任务，引发学生思考（如图 7 所示）。教师再根据投票结果选取不同的学生详细阐述观点，培养学生从不同的角度看待问题、深入思考问题的能力。

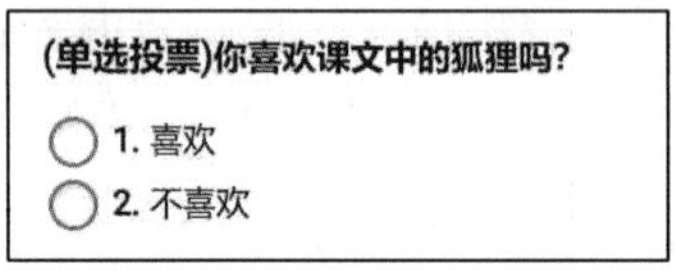
(单选投票)你喜欢课文中的狐狸吗?

1. 喜欢
2. 不喜欢

图 7　学生投票，表达观点

开放性的问题能锻炼学生的理解能力、思维能力和表达能力。如果教师像往常一样直接口头提问“你喜欢这只狐狸吗?”结果一定是全班齐刷刷回答“喜欢”，而有“不喜欢”想法的少数学生的声音就会被淹没掉。利用优学派平台能帮助教师快速甄别学生的观点，进而进行深入挖掘，引导其深度思考，达到更好的效果。

（五）以文带文，拓展阅读

语文阅读教学要求做到以文带文，引导学生广泛阅读。因此，在课堂最后，教师给学生发送了《狮子和狐狸》的拓展阅读文章，要求学生阅读完成后快速完成习题（如图 8 所示）。

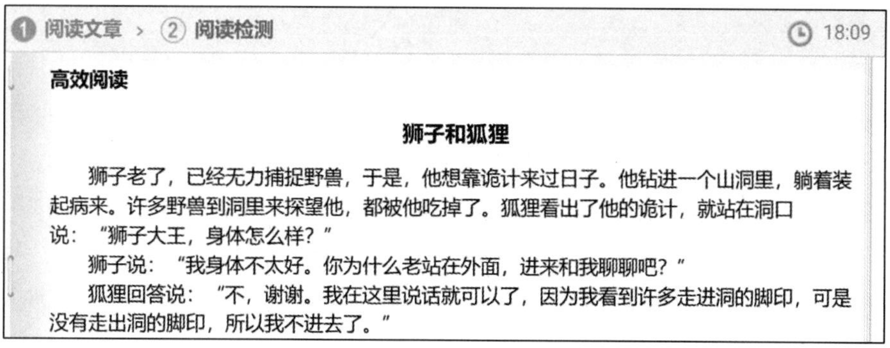

图 8　以文带文，拓展阅读

学生的识字量有差异，阅读速度也不一样，如果没有优学派平台，课内外相结合的课堂阅读环节不太可能实现，也就无法达到“以一篇带多篇”的学习效果。

四、教学反思

技术与课堂的融合并不意味着要完全摒弃原来的教学方式，而是在保留原有教学方式的前提下，用技术去优化教学，进而提高教学效率。在《狐假虎威》一课的教学中，我通过对比思考的方式将优学派融入每一个教学环节中，既发挥了信息技术的优势，又保留了我们一年一年积累下来的教学经验。

课堂改革是一场漫长的研究和探索，需要我们在不断的融合过程中去其糟粕，取其精华，形成学生易于接受，教师乐于使用的模式。

优学派支持下的小学语文教学实践
——以《将相和》为例

山东省聊城市冠县外国语学校小学部　郭爱姣

【摘要】《将相和》是一篇故事性较强的历史故事，教学时，应该放手让学生把课文读通、读顺，掌握提高阅读速度的方法，了解人物的形象特点。在本课的教学过程中，课前，学生借助优学派预习基础知识并进行测试。课中，我利用优学派的“截图发送”“问答题”“小练笔”等功能辅助教学，让学生展开深入的探究与交流。课后，学生借助优学派进行迁移阅读。在优学派的支持下，课堂教学往课前、课后延伸，教学方式发生了转变，学习效率也得到了较大的提高。

【关键词】将相和　优学派　课前　课中　课后

在小学语文教学过程中，教师首先要充分激发学生的学习兴趣，让学生感受到语文学习的乐趣，然后再逐步引导学生对教学知识进行探究与交流。优学派的使用，可以为学生营造一个轻松愉快的课堂学习氛围，有效地激发学生的学习兴趣，让学生积极自主地对课堂知识进行探究学习，从而提高学习效率。因此，我在执教部编版语文五年级上册《将相和》一课时，改变个人以往的教学方式，利用优学派围绕学生课前检测数据、课堂生成资源展开教学，促进学生的深度交流与学习。下面，我将以《将相和》为例，具体谈一谈我是如何在优学派的支持下展开阅读教学的。

一、课前自主学习

《将相和》是一篇历史故事，课文通过记叙“完璧归赵”“渑池之会”“负荆请罪”这三个小故事，写出了蔺相如在秦赵两国矛盾冲突中为赵国立下的功劳，以及将相之间由不和到和的过程，赞扬了蔺相如机智勇敢、不畏强暴、顾全大局的品质，以及廉颇勇于改过的精神。本单元的语文要素是让学生提高阅读速度，所以我在设置课前测试题时，运用了优学派的高效阅读功能，以此记录学生阅读的时间，了解学生阅读的情况（如图 1 所示）。

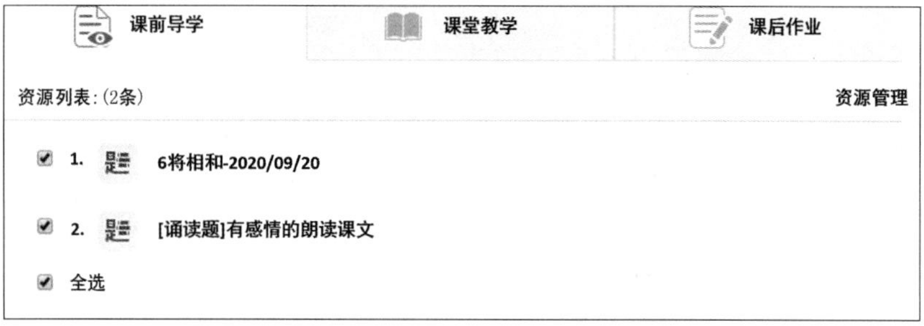

图 1　布置课前学习任务

另外，汉字学习是语文教学的基础，传统教学中词语的掌握一直是教师重点检查的内容。在这节课中，我布置了汉字听写任务以及三道小练习，检测学生基础知识的掌握情况。

学生在完成作业提交后，系统会做出批改，我就可以根据正确率（如图 2 所示），调整课堂教学内容。以往教师只能凭借自己的经验，评估班级学情。而利用优学派，教师则可以根据学生完成检测的正确率，找出全班存在的共性问题，其中，第三题“负荆请罪”出错率较高，所以上课时我对此进行了重点讲解。

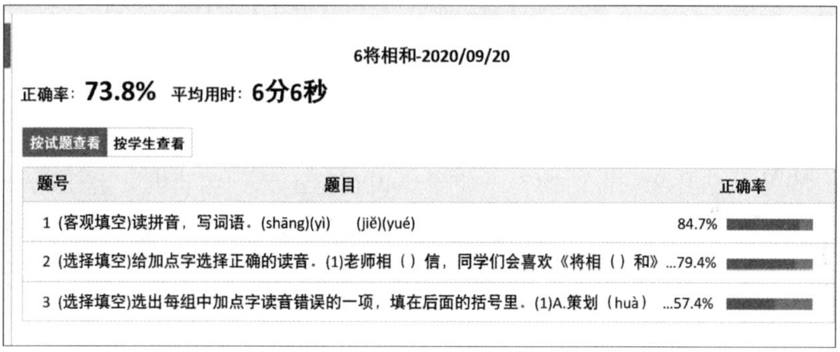

图 2　学生完成小练习的正确率

二、课中探究与交流

（一）作业讲评

根据学生课前检测数据的反馈，讲解错误率较多的词语。我直接让出错的学生进行讲解，如果学生做对了，教师则不需要再次讲解，只讲学生还不会的。课前检测时，学生听写出错最多的是“荆”字，所以我借助优学派播放了此汉字的书写过程，学生能直观地学习写字方法及写字步骤，并进行仿写（如图 3 所示）。

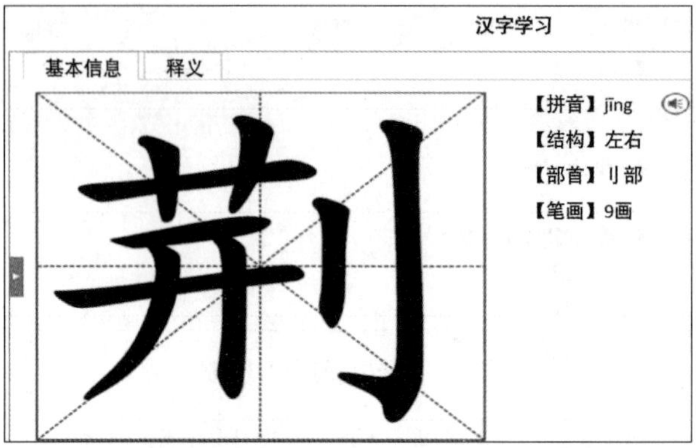

图 3　借助优学派，播放“荆”字的书写过程

（二）精读探究

在讲评学生作业后，我板书此课标题——将相和，让学生根据课前阅读回答，课文题目中的“将”和“相”分别指谁？“和”是什么意思？让学生有所思考，在思考中展开教学。

首先，我请一位学生回答“蔺相如被赵王封为上卿，职位比廉颇高，战功赫赫的廉颇很不服气，他说了什么？”此问题比较简单，一位学生读出课文原句。接着，我提出本课要深入探究的第一个问题：“蔺相如真的就靠一张嘴吗？”让学生学习本课的第一个故事——完璧归赵，一边阅读一边在优学派上勾画出蔺相如说的话。

学生自主探究后，我随机选取学生作品进行展示（如图 4 所示），请学生回答蔺相如是在什么情况下说出这一番话的？一位学生说在赵王感到为难时，赵王为什么感到为难？我让大家一起阅读第 1~7 节内容，在阅读中理解赵王的“为难”。接着，随机抽取一名学生读第 6 节，然后引导学生抓住“想了一会儿、愿意、一定”这些关键词来体会蔺相如的人物形象。

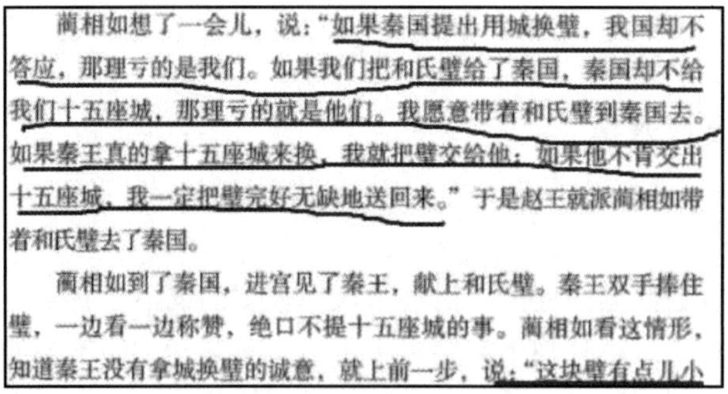
蔺相如想了一会儿，说：“如果秦国提出用城换璧，我国却不答应，那理亏的是我们。如果我们把和氏璧给了秦国，秦国却不给我们十五座城，那理亏的就是他们。我愿意带着和氏璧到秦国去。如果秦王真的拿十五座城来换，我就把璧交给他；如果他不肯交出十五座城，我一定把璧完好无缺地送回来。”于是赵王就派蔺相如带着和氏璧去了秦国。

蔺相如到了秦国，进宫见了秦王，献上和氏璧。秦王双手捧住璧，一边看一边称赞，绝口不提十五座城的事。蔺相如看这情形，知道秦王没有拿城换璧的诚意，就上前一步，说：“这块璧有点儿小

图 4　学生利用画笔勾画蔺相如的话语

同样，基于学生作品，我接着引导学生阅读蔺相如接下来所说的话，从“这块璧有点儿小毛病，让我指给您看。”“我看您并不想交付十五座城。现在璧在我手里，您要是强逼我，我的脑袋和璧就一块儿撞碎在这柱子上！”“和氏璧已经送回赵国了……”这三段话中，进一步体会蔺相如的临危不惧、足智多谋。在这件事过后，蔺相如因为完璧归赵，立了功，赵王封他做上大夫。我们在精读探究中，可以发现他并不是“就靠一张

嘴”，他是一个勇敢机智的人。

（三）深度交流

结合完璧归赵这个故事，学生对蔺相如的人物形象有了初步的认识，那么接下来，我引导学生继续学习第二个故事——“渑池之会”，同样，我利用优学派截图发送课文内容，让学生勾画出蔺相如说的话。然后基于学生作品（如图 5 所示），我与学生一起围绕问题串“蔺相如是在什么情况下说这些话的？”“从蔺相如的话里你读懂了什么？”“鼓瑟与击缶的区别是什么？”“从秦王击缶可以看出什么？”进行了深度交流。

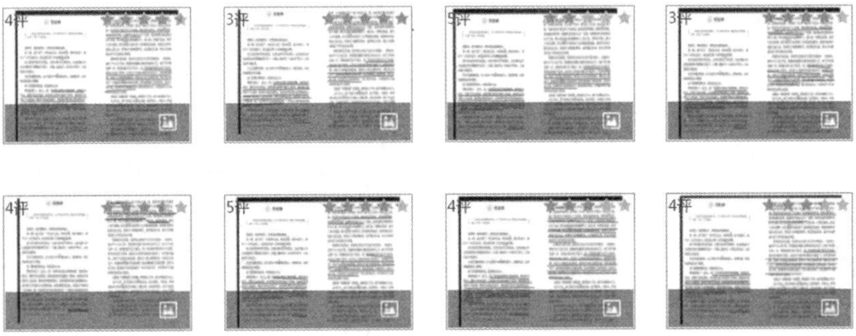

图 5　不同学生利用画笔勾画蔺相如在“渑池之会”中所说话语

于是，在互动交流中，学生明白“渑池之会”上，蔺相如置个人生死于不顾，维护了赵王的尊严，又立下大功，因而被封为上卿。他绝不是“就靠一张嘴”。

（四）自主学习

蔺相如是一位敢于与秦王针锋相对的勇士、英雄，却在听别人传来廉颇的一番话后，就像老鼠见了猫一般地躲避廉颇，这是为什么呢？廉颇到底说了一番什么话？廉颇又是怎样一个人？我让学生围绕这些问题进行自主学习，并借助优学派将自己的思考呈现出来（如图 6 所示）。

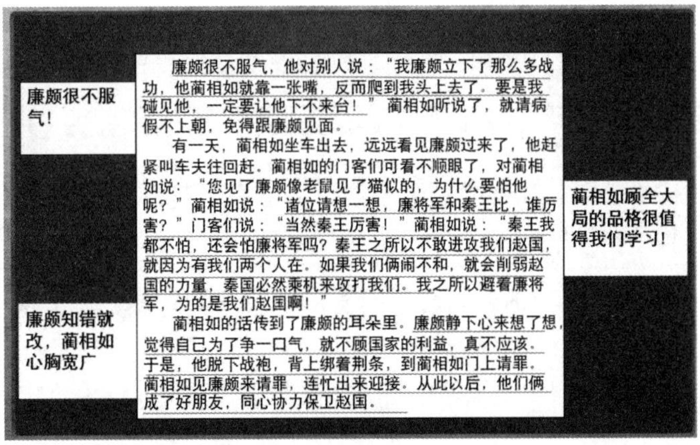

图 6　学生利用优学派进行自主学习

学生自主学习后，我再让学生对“负荆请罪”这个故事进行角色扮演，让学生根据对课文内容的理解进行角色扮演。这里使用优学派的随机抽取功能，抽取三名学生，一名学生扮演廉颇，一名学生扮演蔺相如，另一名学生扮演门客，廉颇到蔺相如门前负荆请罪，书中并没有详细描写其中的对话，让学生充分发挥想象，想象他们会说些什么？从两个人的对话中可以看出什么？一个堂堂的大将军如此这般，是否有失身份？让学生谈一谈想法。从角色扮演中，学生更好地体会到了廉颇知错能改的性格和爱国的精神。

（五）课堂练习

学生通过精读、交流和自主学习，对描写人物特点有了新的认知，那能否通过具体事例描写一个人物的特点呢？我在最后设计了一个小练笔，让学生通过具体事例来描写“我的老师”（如图 7 所示）。

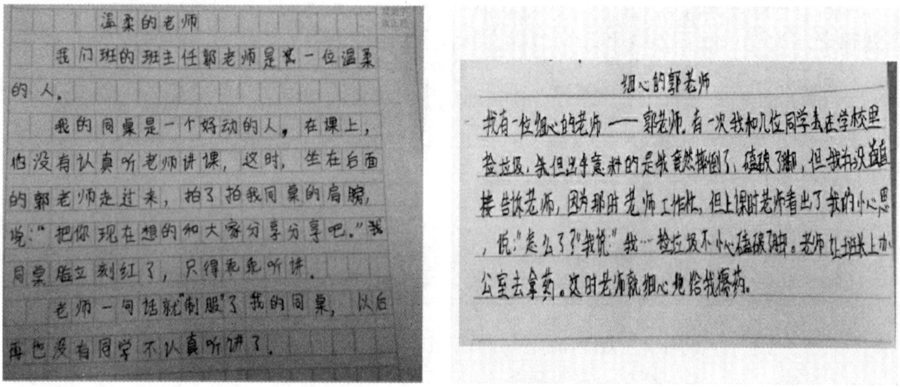

图 7　学生完成的“小练笔”

三、课后巩固练习

本单元语文要素要求学生提高阅读速度，因此在设计课后作业时，也使用了优学派的高效阅读功能，以便更好地掌握学生阅读的时间并检测阅读效果（如图 8 所示）。

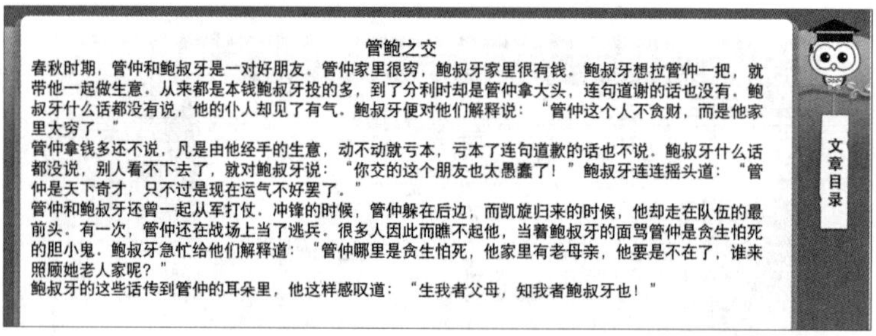

图 8　借助优学派，进行高效阅读并检测阅读效果

四、总结

本节课中，我利用优学派进行创新教学，打破了传统教学“教师讲、学生听”的单向传输模式，实现了师生双向互动，调动了学生学习主动性。在“先学后教，以学定教”的教学理念指导下，全方位地构建了“课前微课导学，课堂互动探究，课后个性辅导”的教学模式，切实提高了教学质量与教学效率。利用优学派进行创新教学也是学校

信息化建设的核心，我相信，只有将技术的智慧与教学的智慧融合，才能真正促进学生的全面发展。所以，在接下来的教学中，我将继续探索与尝试，让我的教学真正促进学生的个性化学习。

参考文献

1. 马希风. 信息技术在小学语文教学中引发的几点思考［J］. 中国校外教育，2018（23）：159－160.

2. 刘邦奇. 为学习服务："互联网＋"时代的教育观念、模式及实现途径［J］. 中国电化教育，2017（08）：39－45＋80.

青史留名多俊杰，智慧教学浪淘金

——《王戎不取道旁李》教学实录

山东省聊城市冠县外国语学校小学部　郭　晓

一、课程说明

《王戎不取道旁李》一课是统编版语文四年级上册的一篇小古文。本篇课文所在单元的人文主题是“历史传说故事”，语文要素是“了解故事情节，简要复述课文”。基于此，本课的学习目标除了掌握必学的生字词语以外，重点在于引导学生正确、流利地朗读课文，背诵课文；难点在于让学生结合注释理解课文内容，并用自己的话讲述故事。

本课是在优学派支持下展开的，课前，我选取优学派中的优质资源，布置成练习，帮助学生解决生字词语的认读、听写问题；课中，学生借助优学派，围绕“生字学习——初读课文——默读课文——复述故事——拓展应用”五个环节展开探究，逐步达成本堂课的教学目标；课后，我布置学习任务，以此检测学生知识的掌握程度，帮助学生巩固所学内容。

二、课前自主学习

课前，我借助优学派向学生推送汉字学习与听写软件，以及两道检测试题（如图 1 所示），让学生自主学习后完成汉字听写、字音、字形检测试题及朗读录音任务。学生在课前预习课文的基础知识，初步了解课文内容；教师则在课前依据平台的数据，进行二次备课。

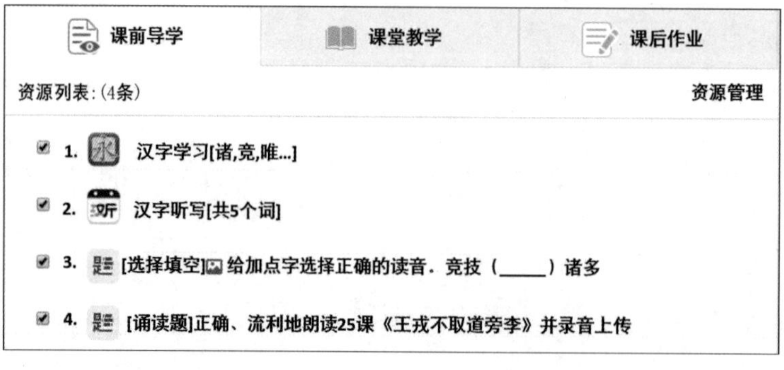

图 1　教师发布课前自主学习任务

【设计意图】在以往教学中，我也会要求学生课前朗读课文并学习生字词语。但是，关于课文生字词语，学生是否会认？笔画是否规范？笔顺是否正确？偏旁部首是否了解？这些都是教师课前无法得知的，所以上课时也就必须花功夫对这些基础知识进行全面讲解。这样的话，就会浪费很多的时间，不利于学生对课文的重难点进行深入学习。有了优学派，我就将此部分内容安排在课前，让学生进行自主学习，并通过系统的检测来判断学生的学习情况。课堂上，教师就没必要对所有生字词语进行讲解，只需要针对学生的易错点进行精准教学。

三、课堂精准学习

（一）精准讲解生字

“王戎”这个词的正确率较低，“戎”这个字是本课的生字。所以课堂伊始，我引导学生再次学习了这个生字（如图 2 所示）。

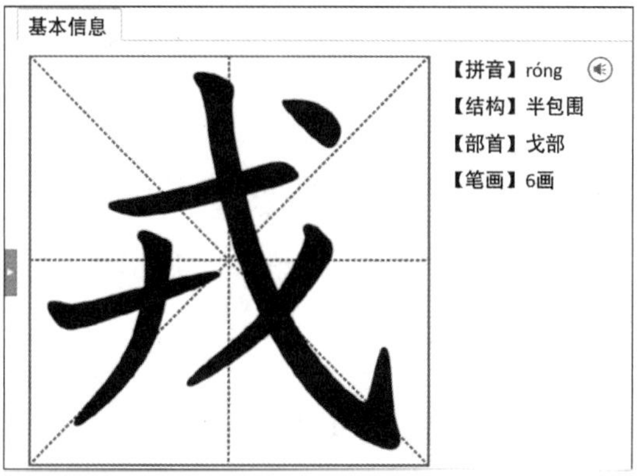

图 2　优学派展示“戎”字

教师：“戎”的部首是什么？

学生：“戈”。

教师：“戈”是什么意思？

学生：古代的一种兵器。

教师：“十”像古代什么兵器？

学生：……

教师：“戈”代表兵器，“十”代表铠甲，两部分合在一起指武器。

教师：写“戎”的时候应该注意什么？

学生 1：注意不要与“戒”混淆，多写一竖。

学生 2：注意不要忘写最后一笔撇。

学生 3：注意斜钩从竖中线起笔。

教师：请跟老师一起书空，请在田字格本上仿写这两个字。

【设计意图】“戎”字是会意字，教学本字时，利用优学派的汉字学习互动软件，展示“戎”字的字形和笔顺，引导学生结合字义来识记字形，并提醒学生注意笔画笔顺，达成生字会认会写的目标。

（二）初读古文，读出停顿

解决基础知识后，我先让各小组在组内选一名学生来读课文，其余学生一边听，一边在语文课本上圈画出他读错的地方。在小组探究中，学生相互纠正，从而读准字音。接下来，我让大家一起听课文范读，一边听一边在自己的书本上画出停顿，然后利用优学派拍照上传（如图 3 所示）。

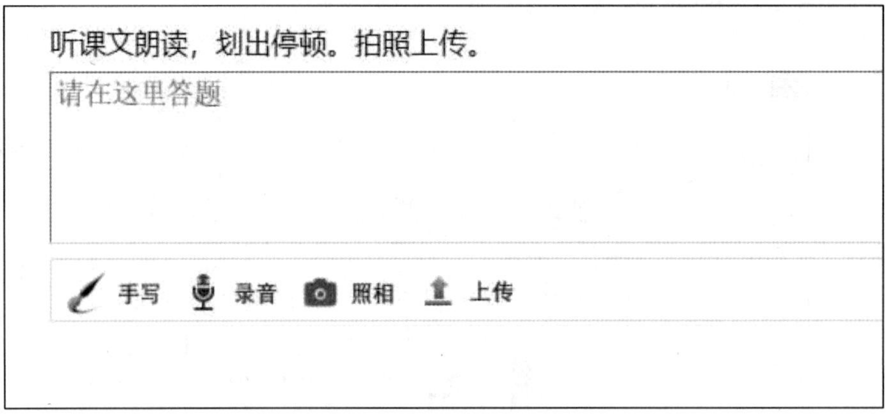

图 3　学生听课文范读划出停顿，拍照上传

教师：那我们再次听课文朗读然后画出停顿，然后拍照上传。

教师：这几位同学停顿画的不一样，谁的更好？

生交流讨论。

教师：听课文朗读后自由读课文，要求读出停顿。

教师：谁能试着读出停顿？

教师：你的朗读做到了声断气连。

教师：其实，古人在写文章时，是不用标点符号的。老师把标点符号去掉，你们还能读好吗？谁来试一试？

教师：小古文篇幅短小，字词精炼，读起来很有韵味。我们读文言文的时候就应该这样，做到声断气不断，音断意相连。

教师：相信很多同学都能把课文读好，我们一起再来读一读。

【设计意图】在以往教学中，学生初读课文都比较随意，有的学生读完后也没意识到自己读错了。所以本节课中，我先让学生在小组内读课文，找出易错字音，然后再让学生有目的地听范读、标停顿，从而让学生意识到，原来听完范文后大家标记的停顿也有不同。在学生能读准字音、会读停顿后，大家再一起朗读，确保每一位学生都能正确流利地朗读课文。

（三）默读古文，品故事内容

学生齐读课文后，我再要求学生自主默读课文，借助注释，理解每句话的意思，想想课文讲了一件什么事。

教师：谁能来说说第一句话的意思？你是怎么理解“尝”的意思的？

学生：看注释。

教师："尝"我们可以组词"品尝"，但在古文中"尝"是曾经的意思，这就是古今异义。在理解文言文时，我们经常需要借助注释，这是一种很好的学习方法。

教师：他们在游玩的时候看到了什么？李树是什么样子的？看课本上的插图（如图4所示），你们见过这样的情景吗？你们有什么样的感觉？

图4　PPT课件展示课文插图

学生：树上结满果子，树枝都快被压弯了。

教师：借助课本插图可以帮助我们更形象地理解"多子折枝"的意思。

教师：诸小儿看到满树的李子是怎么做的？

学生：竞走取之。

教师："走"在这里是什么意思？

学生：跑。

教师：王戎是怎么做的？

学生：唯戎不动。

教师：王戎可能在干什么呢？

学生：观察、思考。

教师：诸小儿看到王戎不去摘李子什么反应？他怎么回答的？

学生：树在道边而多子，此必苦李。

教师：王戎的猜测正确吗？

学生：取之，信然。

教师："取之"是谁取的？古文中有的语句没有主语，我们在翻译时要适时补充主语。

教师：同学们，你们注意到没有，课文中出现了三个"之"，它们的意思不一样，需要我们联系上下文去理解。

教师：课文的大意了解了，谁能用一两句话说说课文讲了一件什么事？

学生1：七岁的王戎和其他小孩一起玩耍，其他小孩看见道路旁的李子都去摘，王戎没有去，他认为路边还有这么多李子，一定是苦李子。

学生 2：王戎不去摘道路旁边的李子，因为他觉得这是苦李子。

……

教师：同学们都大致了解了故事的内容，现在让我们带着对课文的理解再来读一读课文。

【设计意图】学生经过小组探究活动后，已经能正确读完课文了，但学生可能还不太理解有些内容的意思。所以，我让学生再次默读课文，想一想这篇小古文讲了一个什么样的故事。学生默读后，我再与学生一起交流与分析，引导学生借助注释读懂内容，并总结学习文言文的方法。

（四）复述故事

到此环节时，学生基本上已经熟知课文的内容了，所以我让学生在小组内复述课文，完整地把故事情节讲明白。学生复述故事后，我再让学生进行角色扮演，把古文的内容形象生动地“演”出来。

教师：故事讲完了，我们来演一演，准备好抢答。

教师：他们演得怎么样，请把你的掌声送给他们。

教师：你们知道王戎是怎么得出这个结论的吗？

学生：李子树长在大路边，会被很多人看到，如果李子好吃，会很快被人们吃掉，所以，王戎说“此必苦李”。

教师：你认为王戎是个怎样的人？

生交流讨论。

【设计意图】当学生能用自己的语言把这个故事讲清楚时，才意味着他们明白了这篇古文的意思。所以我让学生在小组内用自己的语言复述故事，展开交流。为了让学生对王戎这个人物形象的认识更加深刻，我让学生进行了角色扮演，并讨论了王戎是一个怎样的人，通过把课文改编成剧本进行表演，进一步增强了学生的理解和表达能力。在这期间，我利用优学派让学生抢答来获得角色扮演的机会，学生都十分积极，兴趣高涨。

（五）拓展应用

在课堂最后一个环节，我问学生想不想也来写一篇小古文呢？回顾一下自己是否有摘桃取杏的经历，然后仿照课文中的故事情节和句式写一写，完成后拍照上传（如图 5 所示）。当学生写完后，我再请一两位学生来读一读自己写的小古文。

小练笔

______，尝______，
看______，
诸儿______，唯______。
人问之，答曰“______，
此______。”取之，信然。

图 5　小练笔，促运用

【设计意图】通过仿写古文，学生能更加熟悉本课的句式与结构特点；另外，学生结合个人的生活经验进行仿写，能将所学知识与个人生活经验相结合，从而深化知识的应用。

四、课后巩固

课后，为了帮助学生进一步巩固本节课所学知识，我利用优学派布置了学习任务（如图 6 所示）。

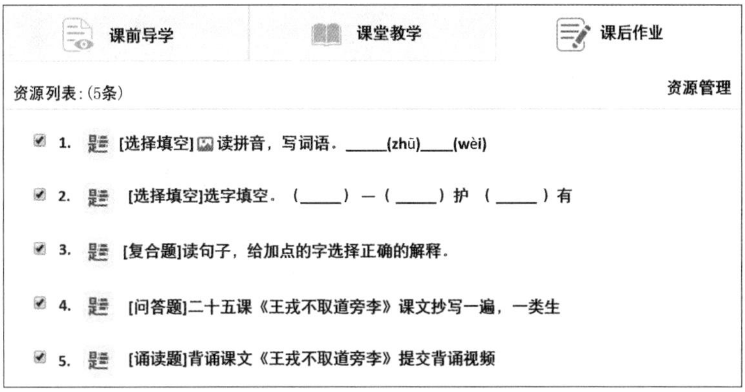

图 6　课后学习任务

【设计意图】优学派的资源中心有很多优质的试题资源，教师可以根据检测目的直接进行引用，也可以按照自己的意图修改试题进行引用。在课后将试题发送给学生，学生可以进一步巩固本节课所学知识。

激趣，质疑，探究，优学派促语文深度学习

——以《盘古开天地》为例

山东省聊城市冠县外国语学校小学部　祝司晶

【摘要】基于优学派开展教学，带给我更多的是对教学方法的思考。在不断地摸索实践中，我认为“为学患无疑，疑则有进”。利用优学派启发学生学习时，要注重激发学生兴趣，引起学生的质疑与思考，并给予学生自主探究的时间，重点呈现学生探究产生的过程性数据。本文以《盘古开天地》为例，具体阐述我如何基于优学派设计教学，展开教学过程，让学生进行高效学习。

【关键词】优学派　兴趣　质疑　自主探究

一、课程概述

《盘古开天地》是部编版语文四年级上册第四单元第一课的教学内容，它是一篇神话故事。本课的学习目标是让学生了解神话故事的起因、经过、结果，把握课文的主要内容，感受神话故事中神奇的想象和鲜明的人物形象。在第一课时中，学生已经学习了课文中的字词，整体感知了故事内容，重点学习了神话故事的起因。所以本节课需要引导学生分析神话故事的经过与结果，从而感受神话故事中的人物形象。

首先，我设计了课前测任务，通过检测来判断学生容易出错的生字及读音。其次，在教学中我围绕“品神话故事”这一核心内容，设计了三次自学指导活动，让学生在自主学习、互动探究中了解全文的过程与结果，并理解人物的形象。在教学时，我注重以读为本，以问导读，读中悟情，让读书贯穿教学活动始终，根据不同的训练目的，设计了自由读、默读、品读、指名读、引读、分男女生读、齐读等多种形式的读，使学生在读中感受，读中理解，最终达到有感情地朗读课文，升华情感。同时，我让学生把自己想象成主人公并进行表演、说话，进一步感受人物的形象与精神风貌。最后，为了能让学生真正地学会，在堂清环节设计了仿写，让学生学会迁移应用。作业部分则设计了拓展阅读，加大阅读量，丰富学生的知识，让学生了解更多的神话故事。

二、教学过程

（一）回顾前测，进行讲评

在课前学习环节，我设计了三个自学小任务。内容包括：①诵读任务，正确、流利、有感情地朗读课文。②单选题，选择读音都正确的一项。③汉字听写任务，听写本课所有必须掌握的生字词语。我通过优学派下发课前检测任务，学生回家后直接在优学派上作答并提交。

在上课时，我先打开优学派上的作业讲评，与学生一起回顾他们自学的情况。

先是随机抽取 1 人，展示其课文诵读录音，然后当堂纠正其读错的地方。从单选题的数据反馈情况来看（如图 1 所示），学生作答正确率高，所以我请学生纠正了其余各项的读音。在汉字听写中，学生错的最多是“浊”字（如图 2 所示），所以我让学生再次看教师示范，跟着仿写。通过数据反馈可知，学生的基础知识已经掌握得比较扎实，教师可以直接展开核心内容的教学。

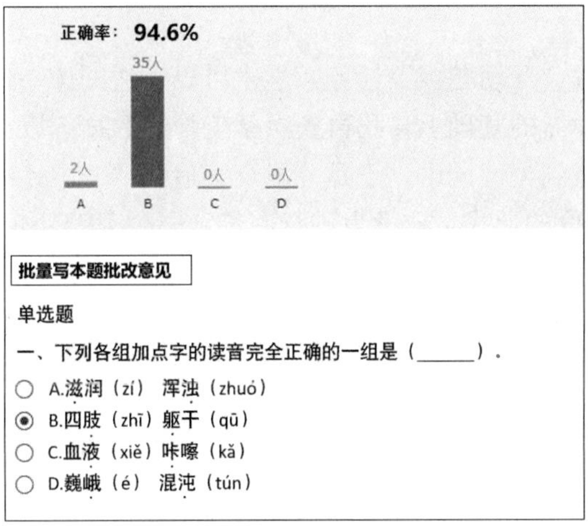

图 1　单选题的数据反馈

汉字听写[共8个词]

正确率：83.8%　平均用时：4分

按试题查看　按学生查看

题号	题目	正确率	
1	劈开	94.6%	查看详情
2	缓慢	83.8%	查看详情
3	浑浊	62.2%	查看详情
4	奔流不息	78.4%	查看详情
5	茂盛	91.9%	查看详情
6	精疲力竭	75.7%	查看详情
7	血液	100%	查看详情
8	滋润	83.8%	查看详情

图 2　汉字听写的数据反馈

（二）互动探究，品故事内容

解决了基础知识，我再让学生回顾课文，回答问题“课前大家阅读了故事，文中有一句话可以概括这个神话故事，你知道是哪一句吗?”学生通过优学派进行抢答，开动脑筋，将注意力集中到故事本身。导入主题后，本着先学后教的理念，我以问题串的形式，引导学生先自主探究，再进行交流。

1. 自学指导（一）

首先，请学生自由朗读第 2 自然段，思考盘古是怎样将天地分开的？容易吗？从哪里看出来的？找出相关词语并画横线（如图 3 所示）。以问题引起学生的思考，让学生敢于挑战，完成自学任务。

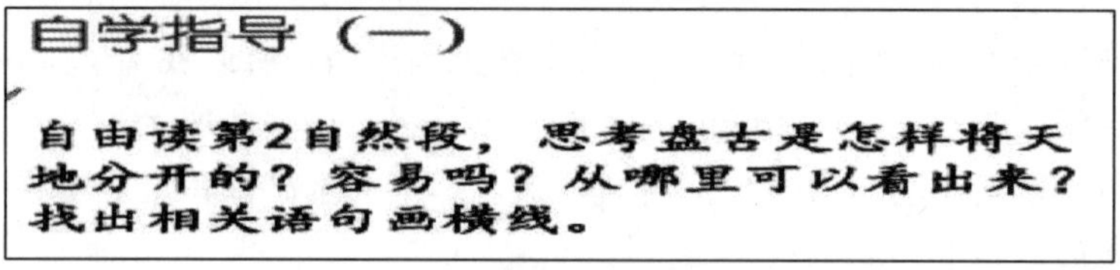

图 3　自学指导（一）任务单

我通过优学派下发“互动题板”任务，学生可以一边阅读一边勾画批注，找出关键的词语。在学生自主学习的基础上，我再查看学生作答数据，以此判断学生参与学习的情况。全班学生都能找到关键词语，于是，我继续追问“文中还有几对反义词，你能找出来吗?”采用随机抽取的形式，让学生进行回答，同时 PPT 出示天地分开部分的反义词（如图 4 所示）。最后，我再指导学生有感情地朗读这一段。

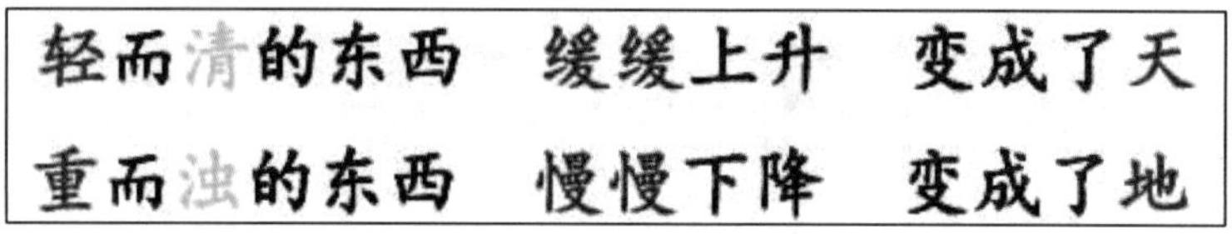

图 4　PPT 呈现天地分开的反义词

2. 自学指导（二）

分析了第 2 自然段后，我让学生默读第 3、4 自然段，进行自主学习，然后 PPT 出示课文段落，与学生一起展开交流。

教师：当天地分开后，盘古又做了什么?

学生：头顶天，脚踏地，站在天地当中。（动作描写）

教师：如果用一个词来形容盘古的动作是什么呢?

学生：顶天立地。

教师：谁能像盘古一样撑起天地?

学生上台表演。

教师：一天，两天，一万八千年过去了，为什么盘古还在这?

学生：为了不让天地重新合上，撑起天地。

在互动中，学生进一步明白盘古为了不让天地重新合上，所以一直“顶天立地”。

于是，我接着与学生一起走入盘古的内心，让学生想象此刻他们就是那个巍峨的巨人，就像一根柱子撑在天地间（全体学生站立起来）。在角色扮演中展开了如下的师生对话（如图 5 所示）。学生进一步体会到在这一万八千年里，盘古没有伸个懒腰，没有打个盹，更没有放弃，从而感受到盘古的雄伟、高大。

互动课堂

让我们一起走进盘古的内心

盘古，你已经在天地间撑了一万八千年了，你就不能伸个懒腰休息片刻吗?

盘古说：____________

在这一万八千年里，盘古你就不能坐下来打个盹吗?

盘古说：____________

盘古，虽然你是巍峨的巨人，可毕竟是血肉之躯呀！都过了一万八千年来了，到什么时候才是个头呀！不如放弃吧?

盘古说：____________

图 5　角色扮演，进行对话

教师：又不知过了多少年，天地终于成形了。可是盘古却怎么样了呢?

学生：倒下了，精疲力竭了！（学生一边说一边坐下）

教师：精疲力竭说明了什么?

学生：说明了盘古太累了，累倒了。

接着，我让学生一起有感情地朗读第 3、4 自然段，在朗读中进一步体会人物品质，感受盘古的人物形象。

3. 自学指导（三）

盘古倒下以后，他的身体发生了巨大的变化。具体发生了什么变化呢? 我通过发送互动题板任务，要求学生认真朗读第 5 自然段，数数盘古的身体有几种变化，并把自己认为神奇的地方用波浪线勾出来（如图 6 所示）。

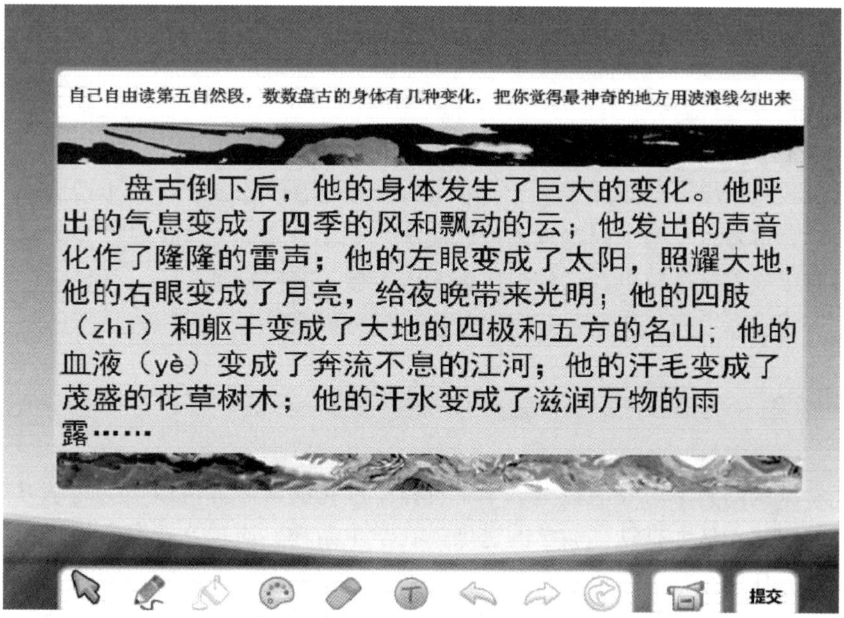

图 6　学生阅读第 5 自然段，完成互动题板任务

学生完成后，我展示学生答案，发现学生一共找出了九种身体变化，每一句都很神奇。我让学生以开火车的形式进行品读，并用PPT出示表格，一一呈现身体部位与其化成的万物。最后，再让学生怀着崇敬之情再次读一读盘古身体的变化。

学生品读完这段话后，我安排了三个小练习，即时检测学生对这一段知识的掌握情况（如图7所示）。

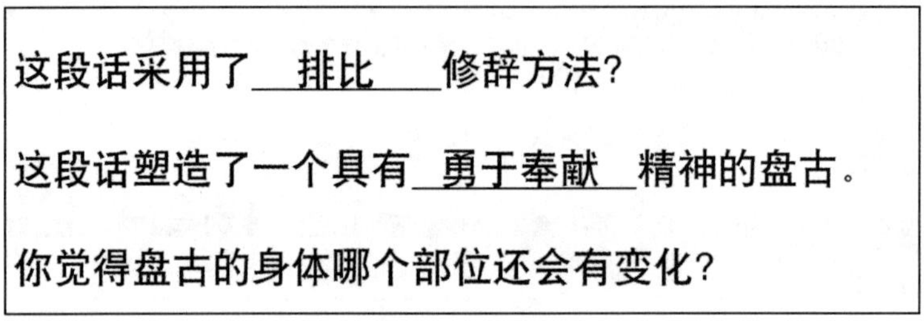

图7　练习巩固

4. 迁移应用

在学生了解故事的经过与结果后，我让学生仿照盘古身体的变化，进行了仿写（如图8所示）。

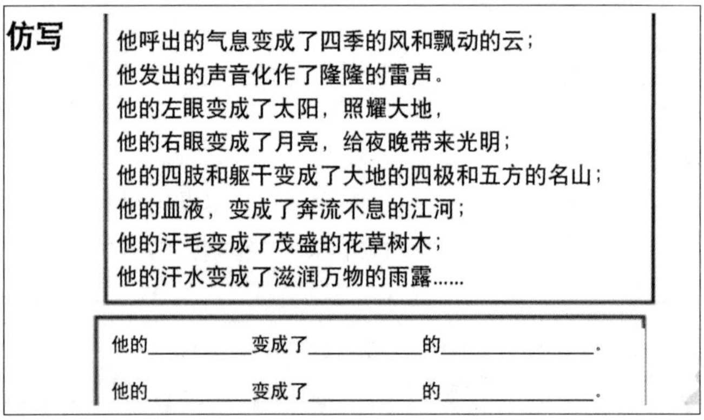

图8　学生在优学派上进行仿写

5. 布置作业

最后，我与学生一起回顾了全文所学内容，并布置了作业，让学生课后进行语文主题拓展阅读，带着以下两个问题默读神话故事《始祖伏羲》：①请按照事情的起因、经过、结果介绍一下这个故事。②始祖伏羲为人类做了哪些贡献？

学生在优学派上完成作业，并以语音形式进行提交。

三、总结

在优学派的助力下，我能让全班学生进行个性化的学习，再以学生的学习数据作为交流讨论的内容，从而推动了教学的进展。在学生激趣、质疑、探究的过程中，教师要充分备课，抓住课堂教学时机，营造民主和谐的学习氛围。在教学中实践，教师要多给学生一些时间进行“先学”，然后有针对性进行“后教”，从而达到高效教学的效果。

好风凭借力，送我上青云

——记“优学派与初中语文教学”深度融合实践

四川省宜宾市叙州区柳嘉镇初级中学校　唐　玲

关于优学派对我的语文课堂教学的积极作用，我想借用《红楼梦》中薛宝钗的词“好风凭借力，送我上青云”来表达。作为一名普通的村镇中学的语文教师，我曾对日常教学中遇到的问题苦苦研究而不得其解，直到开始在教学中尝试使用优学派，我才发现原来很多问题都能在信息技术的帮助下迎刃而解。以下是我梳理了近两年来我将优学派融入语文课堂教学的一些实践操作和优学派所起到的作用，希望能起到抛砖引玉的效果，为“后来者”提供一些可借鉴的经验和用法，希望我们都能凭借优学派的助力，在教学工作中“青云直上”。

一、借助优学派，提升语文知识水平，提高语文综合素养

（一）借助优学派，练就过硬的书写基本功

“讲普通话，写规范字”是对每位学生最基本的要求。其中，“培养学生书写规范的汉字”是贯穿学生整个学习生涯中尤为重要的教学任务。但是，对于初中学生而言，汉字书写不会再像小学阶段一样作为课堂上的教学内容而是作为学生课下抽空练习的内容，这就会有很多学生以“作业多”“忘记了”为借口而不勤加练习。对此我认为，对于自律能力还相对较差的学生来讲，外界的监督显得尤为重要。但做好监督实属不易，在学校时教师尚且可以时常监督，学生也能按时按量完成练习，但一旦放假回家，监督工作就变得异常困难，因为班里有百分之九十的学生是留守儿童，因此学生在学校好不容易养成的练字好习惯经常因为一个假期就荒废了。

有了优学派之后，情况有了巨大的转变。两年多以来，每天练习书写半篇汉字并通过优学派拍照上传已成为我班学生的固定习惯，我通过线上批改、及时给予学生表扬和评语等方式对学生进行监督。同时，我还会利用优学派的家长端与远在外地的家长进行沟通，通过这种方式家长也能及时了解孩子的练习情况，家长的一句鼓励和问候都能在学生心里种下希望的种子。

其实，利用优学派监督学生练习书写，对于需要批改作业的教师来讲也是一大幸事，我可以将碎片化的时间极尽利用，比如坐车回家的路上、临睡前的几分钟等，打开手机我就能轻松批改作业。对于那些书写比较好的学生，我还会顺手将其作品发布到班

级空间里让其他学生进行观摩欣赏和学习（如图 1、2、3 所示）。相较于同年级其他班的教师，单是批改学生习字作业就要完整的一节课时间，优学派能为我节省更多时间来与学生进行深度互动。

经过两年的持续练习，现在班里有七八个学生书写的字比我的字都要漂亮规范，班里学生的整体书写水平已经位居全年级第一名。

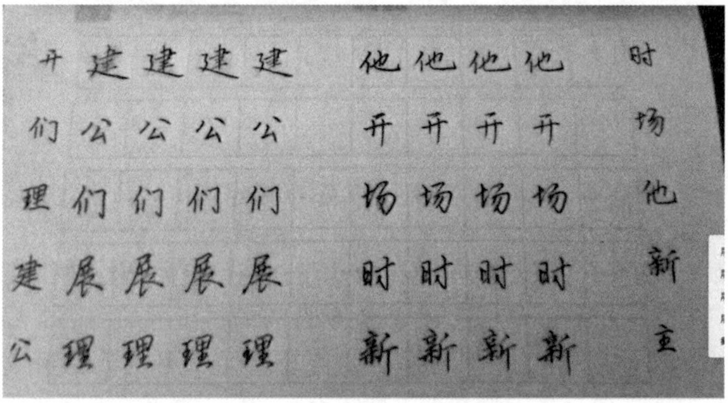

图 1　我班学生的书写（1）

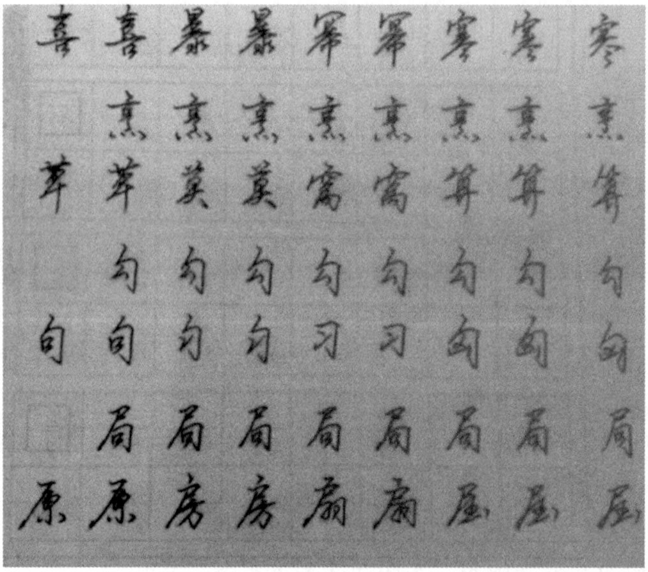

图 2　我班学生的书写（2）

图 3　我班学生的书写（3）

（二）借助优学派，夯实字词基础

字词是语文学习的基础知识部分，到了初中还有很多学生提笔就不会写字或者提笔就忘字，归根结底还是平时的字词没有过关。在日常的教学中，教师会把每一课的字词进行反复听写，直至每个学生都过关。后来我们发现优学派的“优学”部分有“成语听写、汉字听写”等学习资源，于是我将听写任务迁移到课前让学生自主完成。课前，我会让学生先预习再利用优学派资源进行听写检测（如图 4 所示），学生在听写时可以一人独立完成，也可以和其他同学组队 PK 完成，这样的听写方式让他们乐此不疲。而教师只需要通过教师端及时查看数据就可以了解学生是否完成、完成的效果如何等情况。对于学生听写错误的字词，系统会自动收录到“错题本”中，教师只需要定期提醒学生改正错误，清空错题本即可。优学派平台资源的利用，让我们彻底告别了以往一个词语抄三遍五遍的重复教学模式，减轻了教师和学生不断重复劳动的工作量。

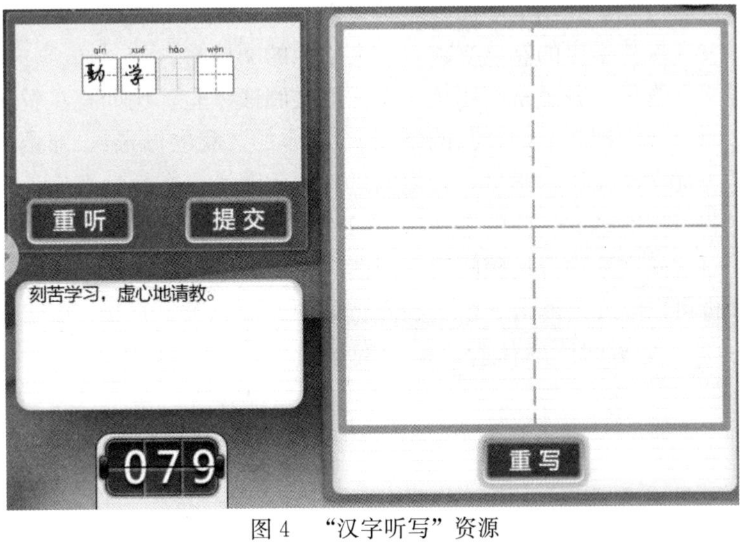

图 4　“汉字听写”资源

（三）借助优学派，培养语感，提高朗读水平

刚进入中学的学生，在“有感情地朗读课文”这方面还存在较大的问题，学生读不准语音、语调，把握不了节奏、停顿是常事。为了解决这一方面的问题，我经常给学生发送课文朗读录音、吟诵课件，要求学生听读、跟读、模仿朗读。学生通过跟读、仿读，不仅能够掌握一定的朗读技巧，还能通过有声的朗读理解句意和文章的思路结构，进而更好地学习课文。但是，学生是否按照要求完成了朗读任务，教师无法在第一时间知晓，只有等到第二天课堂学习时才能知晓，此时再来花时间引导纠正，会浪费更多同学的课堂学习时间。有了优学派，我在给学生发送课文朗读录音、吟诵课件的同时还会给学生发送一道诵读题，要求学生在学习完成后，将朗读录音通过优学派提交上来（如图 5 所示）。教师当天就能通过平台的统计知晓学生的学习成效，进而及时指导学生改进。

经过长期的实践，我发现其实学生提交的朗读录音也是他们相互学习的资源和素材，于是我采用同学互批的方式来批阅学生的录音作业，即学生提交以后，通过优学派进行相互评价，说出其他学生朗读得好与不好的地方，对于不好的地方，说一说如何改进？通过这样的方式，我班学生朗读课文的语音感、语法感、畅达感、分寸感等都得到了极大程度的提高。

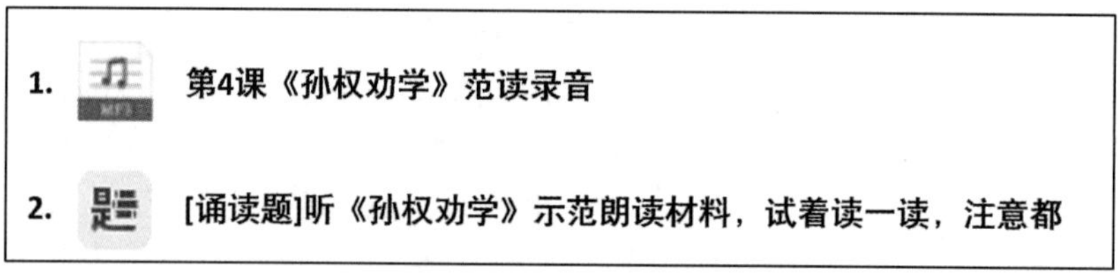

图 5　给学生发送范读资源和朗读任务

（四）借助优学派，培养学生阅读能力

新一轮的高考制度改革，对学生的阅读能力、阅读水平和阅读量都提出了巨大的考验，海量阅读、快速阅读成了对每个学生的最基本要求。同时，日益发展的信息技术，使得海量阅读成为可能。利用优学派，教师可以给学生进行课内课外补充，拓展学生的阅读空间，激发和保持学生的阅读兴趣，扩大学生的阅读量。

在我的语文课堂里，我经常利用优学派做群文阅读体验，比如我在教学朱德的《回忆我的母亲》时，我就把胡适的《我的母亲》、老舍的《我的母亲》、邹韬奋的《我的母亲》等课文通过优学派发送给学生，让他们进行对比阅读；在教学海伦·凯勒写的《再塑生命》时，我就把魏巍的《我的老师》、鲁迅的《藤野先生》等，通过优学派发送给学生，让学生对这些文章进行比较阅读。阅读时，优学派可以记录下学生每篇文章的阅读时间，教师也可以随文出题考察学生的阅读效果。就这样，随着一篇篇课文的学习，学生收获了一类类文本阅读的体验，扩大阅读量的同时，也提升了阅读水平和阅读能力。

二、借助优学派，优化课堂组织

（一）借助优学派，提升学习兴趣

一堂语文课中，学生的有效注意时间是有限的，如果课堂内容是枯燥无趣的，而课堂方式也像以往一样是单向输出的，学生很难一直集中注意力。有了优学派的课堂，我们会更加关注学生的学，教学内容和教学形式上更注重发挥学生的主体性。同时，我们还可以在课堂上随时利用“随机抽取”“抢答”等功能活跃课堂气氛，为学生创造轻松愉悦的课堂环境。我给“随机抽取”取了一个新名字——“幸运大转盘”，谁被抽到谁就是最幸运的，这样学生会觉得回答教师的问题是一件有趣的事，每次“随机抽取”之前他们都会有一些小期待（如图 6 所示）；而“抢答”功能的应用更能激发学生的热情：教师一提出问题，每个学生都跃跃欲试，“疯狂地”在平板电脑上操作，生怕错过每一次机会。爱因斯坦曾说“兴趣是最好的老师”，对此我十分赞同，而优学派平台确实能在提升学生学习兴趣，培养学生专注力方面给予教师莫大的帮助。

图 6　“随机抽取”活跃气氛

（二）借助优学派，提升小组合作效率

在日常教学中，我们通常会采用小组合作的方式展开学习，因此在每篇课文教学前，我会尽量设计一个能够总领整篇文章的互动任务，让学生在小组内讨论交流。小组合作学习以任务为中心，先后分为“自学、互助、对抗、交流”四个环节，以保证合作学习是在独立思考的基础上发生的，确保组内讨论交流时每个学生都有话可说。

以往的课堂中，小组交流的内容、形式和结果等都只能在线下进行。例如，小组合作完成后，小组讨论的结果没办法呈现给全班同学，所以小组展示学习结果时，其他同学只能听“天书”，这可能导致讨论不充分；小组竞相展示合作学习结果，本应该有小组间的竞争，但分数只能通过人工记录，教师可能顾此失彼，打乱教学节奏。对于这些问题，优学派都能给出很好的解决方案。小组合作完成以后，可以由小组长将结果拍照上传，做展示分享时只需要点出该组上传的结果，师生就可以围绕该结果展开讨论和补充评价；对于优秀小组的评选，教师可以随机对比多个小组的结果，并发起学生投票；每个小组的积分，都可以在平台“小组对抗”中体现，教师可以定期汇总并评选优秀小组（如图 7 所示）。

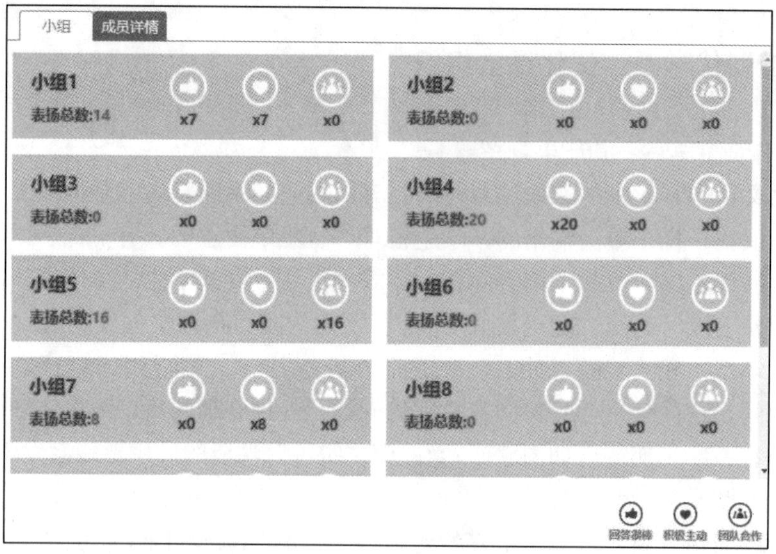

图 7　“小组对抗”提升合作效率

优学派在小组合作中的应用，让一切内容都可视化，促进学生更好学习的同时促进了小组凝聚力、合作力的提升。

三、借助优学派，实现海量资源共享

优学派平台自带的资源应有尽有，从教学所需的 PPT 课件、教案再到音视频素材、作业试题都数不胜数，这些资源能很好地满足师生的个性化学习需求，为教师和学生带来了不少的“实惠”。

对于教师而言，我们还可以使用联盟资源。通过我的教师端，我可以找到联盟学校教师的所有资源，我时常借用翠屏区李端中学谢校长和叙州区育才中学陈老师上传的课件资源，她们的教学资源能给我很多的启发。当然，我也经常上传我精心准备的上课资源，以期通过优学派这个平台与联盟学校的其他教师实现交流互动。

对于学生而言，他们不仅能重复使用优学派平台的名师视频、语文知识点搜学等学习资源开展自主学习，还可以在课堂结束后重复观看教师上课用的课件和试题等，做好课后复习。于学生而言，优学派就像是一艘船，满载知识的宝物，带着学生驶向学海的更深处。

四、总结

在应用优学派的过程中，我们最大的一个认识误区是：要利用它来改变原有的教学方式、课堂组织方式……但彻底改变对于在一线学习、工作了很多年的教师来说是十分困难的。事实上，在实践过程中我发现优学派最大的作用不是改变而是优化和改良。它可以优化“传统教学”中效率不高的环节，改良“传统教学”中效率不高的手段和方式，它是可以支撑“传统教学”理念的。在未来的教学中，我会继续探索优学派在语文教学中的应用方式，让它更好地为我的语文教学服务。

优学派助力课前预习

四川省资阳市乐至县城西小学校　刘　婷

课前预习是课堂的“前奏曲”，正所谓“凡事预则立，不预则废”。课前预习的效果直接影响着课堂教学质量，所以引导学生掌握正确的预习方法，培养良好的预习习惯，是每一位教师都必须思考的内容。我在班上一直倡导学生养成“我的预习，我做主”的学习习惯，要求学生根据学习内容，在课前应用优学派了解即将学习的知识内容。如何使学生有效地利用优学派进行预习，我的做法有以下几点。

一、召开家长会，做好家校沟通

学生的预习往往发生在家里，为了了解基本情况，我提前对班级家长进行了调查。调查发现班上很多家长担心学生沉迷网络，不准学生在家使用网络上网。所以，要让学生借助优学派开展预习活动，让预习落到实处，就必须得到家长的支持。

为此，我召开了一次有关《优学派在预习中的作用》的家长会，意在鼓励家长适当放手让学生使用优学派进行课前学习。时代的发展离不开网络，只要合理安排上网时间，学生利用优学派进行预习可以增加知识面，而不再仅仅局限于书本知识。如果家长还是担心学生上网问题，就可以要求学生在规定的时间内使用优学派完成预习。通过这次家长会，许多家长表示收获很大，以前总认为学生会用优学派来玩游戏，会影响学习，所以就禁止学生使用，没想到只要引导得好，完全可以利大于弊。

二、开展培训活动，组建预习联系群

在得到家长的大力支持后，为了让学生初步掌握应用优学派进行预习的方法，我首先在班上对全体学生进行一次培训，让学生学会如何快速有效地运用优学派来查找自己需要的资料。学生的学习能力强，对教师布置的预习作业充满期待，都想通过亲自实践来证明自己的聪明才干。但是，班级还有几个存在困难的学生，于是，我指定班上几个使用优学派较熟练的学生一对一帮助这几位不太熟练的学生，确保每个学生都能熟练运用优学派进行预习，从而使全体学生都能认真落实每一次预习作业。

接着，我建立了班级预习联系群，教师与学生之间、教师与家长之间、学生与学生之间、家长与家长之间可以随时随地进行交流和讨论。每天由家长来监督和初步检查学生的预习情况，学生如有不懂的问题也可以发到群里进行交流与沟通。每次预习时，我都会鼓励学生大胆提出自己的疑问，上传到预习群里和学生、老师、家长共同讨论。

三、设计丰富多样的预习形式

在以往教学中，学生预习经常是形式上做做样子，在书上随意勾画一下，并不在意勾的内容是否是重点，只要小老师检查预习时有勾画的笔记就算检查过关，预习跟没有预习的效果都差不多。在优学派的支持下，我设计了丰富多样的预习形式，让学生通过“看一看”“查一查”“做一做”“说一说”“记一记”等方式，进行有效预习。

（一）“看一看”

“看一看”是指让学生课前看课本或看教师发在群里的微课视频，初步了解本课将要学习的内容，减少上课时进入学习状态的准备时间。例如，在《两只小狮子》一课中，尽管文中对小狮子练习捕食的动作进行了生动的描绘，但如果课堂中只靠教师的语言进行说教，有的学生还是无法感知狮子具体的捕食过程。那么，学生就会感到乏味，不愿意学，这样便无法理解小狮子“勤学苦练”的精神。于是，我把这一篇课文的微课教学视频发到微信群，让学生先预习一下课文内容，预习过程中，我要求学生利用网络搜索小狮子的“撕、抓、滚、爬”等动作的图片或小狮子捕食的视频，让学生直观形象地感知小狮子的动作，明确课文学习的重点。

（二）“查一查”

“查一查”主要是让学生在优学派上查找与本课有关的知识点。一般情况下，在学习新课之前，需要了解作家、作品、写作背景、课文所涉及的相关知识点等内容，所以在布置预习任务时，我会要求学生利用优学派“查一查”，了解相关知识。例如，在《长城》一课中，我让学生在课前利用优学派查找并搜集与长城有关的传说或故事，还让学生把课文中弄不懂的地方分享到班级群里进行讨论。学生在讨论与交流中，相互释疑解惑，进一步促进知识的内化。

（三）“做一做”

“做一做”是指学生根据教师要求，完成导学案的预习卡来检查自己预习的效果。没有布置预习卡时，学生可以录制并上传视频、音频来分享自己探究知识的过程。例如，在指导学生写“连续观察日记”时，我先让学生在家“发豆芽”，通过优学派拍照或录视频，记录绿豆种子变成豆芽的过程，同时将豆芽的变化过程以日记的形式记录下来，这样就形成了一篇连续观察日记。在进行课堂教学时，师生一起看学生拍摄的照片或录制的视频，分析学生写的日记，展开“连续写观察日记”的教学。

（四）“说一说”

“说一说”是学生在预习联系群中交流与展示自己运用优学派进行预习的收获及问题。例如，学生在预习课文《青花》时，学生们就提出了诸如“青花是什么?”“《青花》的作者是有名的瓷艺传人吗?”“他制作了什么‘青花’?”等问题。当学生提出这些问题后，其他的学生又纷纷利用优学派查阅资料，积极帮助他释疑解惑。

（五）“记一记”

“记一记”则是学生把自己预习的收获（重点知识点）或者疑惑记录在预习专用记录本上。等上完课后，学生可以补充记录重点知识，也可以回顾与思考自己的疑惑是否全部解决。

这些预习方式能帮助学生有效地进行自主学习，但预习是灵活的，有时候运用一种方法，有时候是几种方法同步运用。具体如何进行搭配，需要教师根据教学内容而定。例如，学习古诗时，我会让学生“查一查”同类型的古诗，然后在预习群里“说一说”自己的发现。进行作文教学时，我会让学生“看一看”微课视频，然后让学生通过“做一做”写出作文，并拍照上传到优学派。如果我发送了优秀作文到预习群里，我还会引导学生“说一说”，交流这篇作文怎么样。当然，学习课文时，有时候我并没有安排任何预习任务，我坚信，预习的目的不在于让学生将知识弄得头头是道，而是要让学生课前有所思、有所想，然后把自己的思考带入课堂中，让课堂教学变得更有深度。真正是为了解决学生问题而展开。

四、检查预习情况，进行多元评价

学生通过优学派完成预习后，为了落实每次的预习，及时的检查必不可少。检查的形式分为三种，第一种方式是教师抽查，我会在预习完成后，指定某一些学生上传预习作业，然后让其他学生提出不同意见，帮助学生改正。第二种方式是小组长检查，每次学生完成预习作业后，上传给自己的小组长检查，这样让以前第二天到校才能检查的预习作业，能得到及时的检查。第三种方式是教师全面检查，我会在规定的时间段检查学生预习情况，并及时给予学生反馈，帮助学生解决预习中的问题。

学生完成预习后，除了检查外，最重要的就是评价，评价可以帮助学生保持积极的预习态度。每次抽查或者全面检查学生预习作业时，我会根据学生的完成情况，给予相应的评价，并将优秀的作业放到学习群里进行全班展示。此外，学生将预习作业上传到优学派后，他们可以互相检查，对完成较好的作业进行点赞，上课前几分钟，我们再一起看看谁的作业点赞数最多，下一次就可以免做作业。有时候，我们在预习联系群讨论时，家长也可以关注到学生的预习情况，了解学生的自学能力，同时给予客观评价。

除此之外，为了让学生保持积极的预习热情，我根据学生的需求，认真制定出了详细可行的评价细则，并利用每周的班会课，对学生预习情况进行总结评比，给每周预习最受欢迎的学生发放作业本、签字笔、免作业券等“福利”。这样的表扬激励方法，既肯定了学生利用优学派进行预习的效果，又在潜移默化中影响了其他学生，让他们明白利用优学派进行预习的重要性。

以上便是我利用优学派开展预习活动的策略，随着学生使用优学派进行预习活动的持续开展，我们班绝大多数学生都能积极主动进行预习，把预习看成是突显自身知识的过程，而不是单纯地完成教师布置的任务，从而养成了一定的预习能力。随着每次预习知识的落实，课堂参与讨论的学生越来越多，课堂气氛越来越活跃，学生的学习兴趣不断提高，学习能力明显增强，学习成绩也得到明显的提升。

优学派在小学数学课堂中的应用实践

宁夏石嘴山市第二十一小学　张秀琴

信息技术迅猛发展的今天，几乎每个人都“机”不离手，这种社会现状毫无例外地冲击着学生和教师，冲击着学校教育。在教育中如何用对、用好信息化工具，是当前教育工作者需要重点研究的课题。作为全国“互联网+教育”示范区建设学校之一的宁夏石嘴山市第二十一小学（以下简称二十一小），从2018年就开始积极研究“如何运用信息技术促进基础教育的发展与改革”这一问题。同样在2018年，二十一小引入了优学派作为该项研究的技术支撑。同时，学校成立了优学派智慧课堂实验班，并首选有信息技术功底的教师作为种子教师，而我作为种子选手中“最老”的先行者，带领着学校一众年轻教师开始了将优学派应用于小学数学课堂的实践探索。

《义务教育数学课程标准（2011年版）》提出：“把现代信息技术作为学生学习数学和解决问题的强有力工具，有效地改进教与学的方式，使学生乐意并有可能投入到现实的、探索性的数学活动中去。”实践证明，在数学课堂教学中，恰当、正确、有效地使用信息技术手段，利用文字、图形、声音、动画、视频图像等多种媒体刺激学生的感官，让学生亲身参与体验知识的形成过程，有利于诱发学生的学习兴趣、培养学生的学习能力，有助于学生获得信息、展开思考，也有助于学生优化学习方式。我基于近三年在智慧课堂实验班的教学实践，谈一谈优学派与小学数学教学有效融合的一些经验和想法。

一、优学派助力新授课，提高教学效率

（一）课前使用优学派，展现思维，生成资源

“优学派在小学数学教学中的应用，‘提高教学效率’是最终目标，‘帮助学生在技术的支持下更好地展现思维、获取知识’是过程目标。”这是当前二十一小参与实践的教师的共同认识。在上每一堂课之前，我们都会精心设计优学派支持下的教学活动。

例如，我校某位教师在使用优学派教学人教版二年级上册《角的初步认识》这一节内容时，在课前布置了这样一个任务：你认为角是什么样子的？动手做一个角或在生活中找一个角。要求学生用拍照或者录视频的方式提交（如图1所示）。

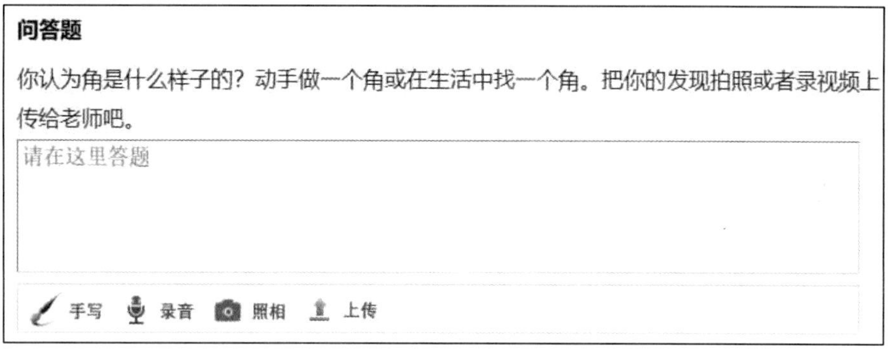

图 1　《角的初步认识》课前预习

学生完成后，教师可以基于学生提交的内容了解其当前对“角”的认知程度，以便于有针对性地设计教学内容；同时，教师可根据教学设计筛选部分有代表性的学生作业作为课堂拓展资源。

常规教学的前置任务，由于时间和技术的限制，学生课前所做的努力很难成为课堂教学的有效资源。而基于优学派的前置学习，学生当天完成后，教师就可以通过平台检查和筛选，挑选出有价值的学生作品作为第二天课堂中学生讨论、交流的素材。而这些素材对学生的进一步学习有着不可忽视的作用。

（二）课中使用优学派，拓展思维，丰富资源

优学派在小学数学课堂中的应用，能促进课堂上多元化内容的生成，丰富学生的学习资源，拓宽学生的数学视野。在人教版二年级下册《轴对称图形》一课的教学中，经过一系列的探究活动，学生了解了轴对称图形的基本特征，教师让学生通过优学派收集一些轴对称图形，有的学生找到了飞机、服装、建筑物等实物模型，有的学生找到了民间剪纸图案……学生在虚拟的网络空间里进行自主学习，完成后通过平台浏览别人的学习收获并相互评价。通过这样的方式，学生内化了轴对称图形的概念、特征等，在接下来的“自由创作轴对称图形”环节就更加得心应手了，有的学生通过作图软件画图，有的学生用剪刀剪，有的学生用纸折……学生作为一个参与者经历了轴对称图形的认识、深化和再造过程，体验到了学习数学的乐趣，感受到了同伴协作的快乐，体会到了“数学美”。

优学派的应用，为学生的个性化学习搭建了平台，提供了资源，让学生在自由学习的过程中内化知识、巩固知识、拓宽视野，让数学课堂更加精彩。

二、优学派助力复习课，提升复习质量

在学校，我担任学校低年级的数学教学工作，同时兼任教导处工作，参加学校的数学教研活动是我的常态化工作。在平时的听评课过程中，我发现很多教师对复习课的把握还有所欠缺，有的年轻教师为了完成课本的内容，复习时就把书本上的习题挨个布置、挨个做、挨个讲。有些教师还把书本内容布置给学生回家做，但由于批改时间的限制，教师没能及时了解学生答题情况就开始上课，课上也只能凭着经验选择“难点”进

行讲解。

针对以上问题，学校数学组开展了小专题研讨，对复习课的设计和基本教学流程进行了深入探讨和规范：知识梳理——基础训练——典型例题分析——变式训练——拓展延伸。

恰逢学校这时引入优学派，我们便积极尝试将技术与复习模式相结合。备课时，我们依据教材资源，将课本习题进行分类，生成一类资源；再将优学派平台上收集的学生错题进行梳理，甄选出典型例题并拓展探究题目等；最后再整合这些资源生成课堂教学内容。

我们一般将知识梳理环节布置成课前任务，学生回家梳理本单元知识点，制成知识树或思维导图然后拍照上传。在课堂第一个环节，教师随机抽取几个学生的作品进行展示评价，进而进行补充和完善。此环节重在引导学生对本单元的知识架构形成整体认识。

接着利用优学派平台将课本的基础训练题发送给学生进行集体练习，由于客观题比较多，学生完成后能快速知道对错，加上教师善用表扬等操作方法，学生在这个环节表现特别积极，兴趣特别浓厚。

在典型例题分析环节，教师安排学生 4 人一小组进行探讨，形成解题思路后分组提交。完成后，小组间可通过优学派相互评价，提出自己的疑问和建议。如此一来，学生在组内探讨中增强了合作意识，在组间交流评价中拓宽了思维。

在变式训练环节，教师同样利用优学派平台将试题发送给学生，并在巡视过程中对学生进行点拨和指导，同时用“移动展台”抓取学生的典型答案进行对比讲解。这个环节实现了教师与学生之间的一对一辅导，解决了学生的个性问题；同时，也有助于教师发现并解决学生的共性问题。

技术的融入，大大提升了复习课的质量，学生的学习积极性明显提高，做题的速度也加快了，在长期的训练中学生的思维也变得更加开阔，解题思路也更加多样化了。因为系统的自动批改和快速反馈，教师能及时了解学生的困难点，及时进行查漏补缺，让“以学生为主体”的课堂成为现实。

三、小结

小学阶段是培养学生数学学习兴趣的重要阶段，如果我们还是用多年“传承”下来的方式教育今天的小学生，难免会让其丧失学习数学的兴趣和欲望。优学派与教学的融合刚好是一个契机，促使我们进一步反思。优学派是一个综合性的学习平台，它丰富的资源库可供学生自主学习、供教师备课参考；它多样的教学工具的组合，可使数学中抽象的知识变得具体灵动，可使学生从原本的聆听者变为课堂的参与者，可消除原本课堂中的诸多不可控因素，让师生的交互及时有效……当然，对于优学派在小学数学教学中的更多应用方式，我们还在不断探索中。希望通过持续地反思改进，我们能够利用好优学派这把促进课堂转变的利刃，在新一轮的课堂改革中乘风破浪，披荆斩棘。

参考文献

[1] 刘江．电子书包在小学数学教学中的应用模式及成效研究［J］．考试周刊，2015（48）：82.

[2] 姜丹，刘力．基于电子书包的小学数学课堂教学互动研究［J］．中国信息技术教育．2014（21）：64—66.

[3] 胡卫星，张婷．电子书包的系统构建与教学应用研究［J］．现代教育技术，2011，21（12）：120—123.

[4] 中华人民共和国教育部．《义务教育数学课程标准（2011年版）》［M］北京：北京师范大学出版社，2011.

浅析优学派在小学数学中的融合应用

陕西省汉中市陕飞一小　陈军涛

优学派作为一种新型教育技术手段走进我们的课堂，为学生提供了更为鲜活、生动的学习资源，为教师“以学定教”创造了条件。在小学数学教学中，教师利用优学派来辅助教学，使抽象的数学内容形象化、具体化，使数学知识由静态的、单调的“单向传输”变为图、文、声相结合的“双向互动”。优学派与数学教学的融合，能够充分调动学生参与数学学习活动的积极性，培养学生提出问题、发现问题、思考问题、解决问题的能力。下面我将结合具体的案例，来谈谈优学派在小学数学中的融合应用。

一、为何要在小学数学中融合应用优学派？

《义务教学数学课程标准（2011 年版）》中指出，信息技术的发展对数学教育的价值、目标、内容以及教学方式产生了很大的影响。数学课程的设计与实施应根据实际情况合理地运用现代信息技术，要注意信息技术与课程内容的整合，注重实效。要充分考虑信息技术对数学学习内容和方式的影响，开发并向学生提供丰富的学习资源，把现代信息技术作为学生学习数学和解决问题的有力工具，有效地改进教与学的方式，使学生乐意并有可能投入到现实的、探索性的数学活动中去。因此，在教学中，教师应积极思考如何将技术融入教学中，从而促进学生学习活动的开展。

自学校引入优学派以来，我便积极探索优学派这一新型信息技术手段，思考其对数学教学的价值。经过实践，我认为优学派可以丰富我们的课堂教学，教师根据教学内容，以优学派为载体，综合应用音频、图片、视频、Flash 动画，可以为学生营造一个直观的数学教学环境。在优学派的支持下，课堂教学能更加注重过程，注重学生的主动探究、相互交流，突出学生在教学活动中的主体地位。当教师将优学派应用到新课导入、知识传授、巩固知识、作业布置等环节时，能更有效地促进学生参与进来，真正做到手、口、脑并用。在优学派的辅助下，教师能根据学生的学习数据判断学生可能存在的问题，从而让教学更加符合本班的实际情况。总之，优学派让我的教学产生了变化，让我更加注重激发学生的兴趣，更加注重教学素材的多元化与形象化，更加注重展现学生的思维，促进学生思维的碰撞。所以，我认为有必要在数学教学中应用优学派，彰显技术的智慧。

二、如何在小学数学中融合应用优学派?

（一）融技术“促兴趣”

把优学派融入小学数学课堂教学中，根据教材内容有效创设各种数学教学情境，能充分调动学生学习的主动性与积极性。特别是课堂导入环节，如果没有调动学生的积极性，学生后面的学习就容易“走神”。在我的教学中，有时我会让学生在优学派上进行5分钟的“练习闯关”，帮助学生进入学习状态。有时我会利用优学派“恰如其分”地安排一个学生熟知的“日常生活”开头，引出数学探究问题，营造有趣的学习情境，使学生产生熟知感、好奇感，从而引出主题。

在教学六年级《圆柱表面积》这一节的时候，我就利用优学派插播了一段“生活中圆柱体盒子的制作过程”的视频来导入新课。当一个圆柱体盒子制作完毕的时候，我请学生思考“在纸上记录制作一个完整圆柱体，最难的部分是哪里？如何计算出制作一个圆柱体盒子用去了多大纸板面积？我这里有2米×1米制作这个盒子的纸板，大致可以制作多少个?”等问题。以问题串的形式，让学生产生探究的动力，为学生积极参与课堂活动奠定意向基础。

（二）融技术“化抽象”

数学知识具有一定的抽象性，小学生在认知方面会出现一定的困难和偏差。教师有效利用优学派融入课堂教学，只要把握好介入的准确时机，辅助到位，便可达到事半功倍的效果。因此，我会根据教学内容，尽可能地利用优学派使抽象的数学知识形象化、生活化。特别是在数学教学中的“图形与几何”版块，利用优学派，能使静态的知识动态化，化抽象为具体，让学生透过动画演示的情境有效地掌握知识。

在教学六年级《圆柱的体积》时，我就用优学派向学生展示圆柱体拼成近似长方体的活动全过程：屏幕上出示一个圆柱体，接着把这个圆柱体沿着底面的直径分割成相等的16份，8份为一组，电脑将每组涂成两种颜色，然后通过移动展开、拼凑，把这两组交错拼好，这样就拼成一个近似的长方体，让学生具体感知到这个近似长方体的体积与原来的圆柱体积是完全相等的。学生可以在优学派上反复观看视频，观察演变过程，从而发现这个近似长方体的长、宽、高与原来圆柱的对应关系，进一步推导出圆柱的体积公式。优学派中的Flash视频资源，把静态的知识以动态的方式呈现，更便于学生理解。学生在观看过程中，弄清了圆柱体积公式和近似长方体体积相等的来龙去脉，理解了圆柱体积的计算公式，更发展了个人的观察能力和空间想象能力。

在教学六年级《圆锥体积》时，我也采用了同样的方式，为让学生明白“等底等高情况下，圆锥的体积是圆柱体积的1/3”的概念，我播放了优学派中的Flash视频资源：等底等高情况下，圆锥容器装满水倒入圆柱体的过程中，有不同杯数的选项，点击选项后就可以直观看到不同的结果。学生借助具体的实验过程进行观察，在观察中进一步理解圆锥体积的计算公式。

（三）融技术“展思维”

借助优学派，教师能将一些抽象的内容形象化、具体化，也可以更多地展示学生的思维，当没有技术介入时，课堂上教师一般选择个别学生的作品进行展示，难以看到整个班级的情况。借助优学派，教师可以让学生拍照上传作品，然后逐一浏览，查找出不同的思维表达方式；也可以在学生进行互动探究时，运用优学派的移动展台，在巡视过程中拍照抓取典型做法。然后，教师再把学生的想法呈现出来，组织学生进行交流讨论，从而展开教学。

在教学六年级《图形的运动》时，我是这样设计的：先呈现一幅美丽的图案，然后追问学生“它是如何通过基本图形旋转得到的?”学生交流片刻后，通过优学派上传讨论结果，接着我发送视频给学生：一幅美丽图案形成过程的动态旋转图。学生可以在优学派上直观地看到基本图形旋转的全过程，从而理解旋转图形的“三要素”。最后，我要求学生在下发的方格纸上自主设计一幅图案，设计完成后拍照上传，学生上传的作品丰富多样，我采用随机对比的方式，让学生围绕这些作品展开交流，说一说如何旋转得出图案。学生在巩固旋转成图的过程中，找出了旋转与平移、轴对称之间的区别与联系，从而习得了旋转概念。

三、融合应用中的注意事项

技术能为教学带来便利性，但同时教师也要客观看待技术的局限性。优学派作为有效的辅助工具，它是为课堂教学服务的，只有合理使用优学派，才能凸显教师的智慧、学生的智慧。

首先，在应用优学派时，我们不能完全摒弃传统的教学手段，将优学派引入数学课，要与传统教学手段相互配合，才能产生良好的教学效果。例如，在板书设计方面，教师不能因为使用优学派、一体机后，就不再进行板书。相反，板书可以帮助学生回顾整节课所学习的内容，促进学生对知识的总结。此外，教师列加、减、乘、除竖式，用量角器画角这些操作也不能全用技术代替。教师在布置作业时，也不能因为优学派可以统计客观题的正确率，就不再布置纸质作业。纸质作业能培养学生的做题习惯，帮助学生巩固所学知识，两者相结合，更能促进学生对知识的内化。

其次，我们在应用优学派化抽象为具体时，也要根据学生的情况而定。对于低年级的学生来说，我们尽量运用优学派将一些抽象的知识形象化，帮助学生建立知识与个人生活的联系。但越是到高年级，教师就更应该注意此类技术的使用频率。在小学高段中，教师要注重培养学生的空间想象力，不能将所有的知识都直观地呈现，这样反而不利于学生想象力的发展。

最后，技术的应用既要根据学生的认识规律、心理特点、学生学习的实际情况而定，又要服从于每节课的教学目标，不能为了用技术而用。通常情况下，我会先思考教学应如何设计，再思考优学派该如何融入，确保优学派应用得适当、适时、适宜。只有合理有效地使用优学派，教师“教”的主导地位才能得到加强，学生“学”的主体地位才能得到充分的体现。

活用优学派，学会有序思考

——以《8、9 的分与合》教学为例

江苏省新沂市城关小学　董瑞雪

有序思考，是学生数学学习的重要思维方式之一，也是一种常用的解决问题的策略。培养学生养成有序思考的习惯，有助于提高他们的数学学习水平，发展其思维能力。对一年级的学生来说，他们的思维以具体形象思维为主，他们的数学学习离不开形象鲜明的实物，也离不开直观的动手操作。所以，在教学中，教师要以具体的活动为载体，引导学生在动手操作中体会有序思考的价值，掌握有序思考的方法，并逐步形成有序思考的意识。

优学派的使用，有助于教师把抽象的数学知识具体化、形象化，便于学生观察、操作、分析和概括。那么，如何巧妙地运用优学派，让学生在动手实践中学会有序思考，发展思维的条理性和逻辑性呢？下面我就以《8、9 的分与合》这节课的教学为例，谈谈如何利用优学派助力学生学会有序思考。

一、课例分析

《8、9 的分与合》是苏教版一年级数学上册第七单元的教学内容。在学习本单元之前，学生对“分”与“合”已有一定的生活经验和学习能力，但是他们对一个数进行分与合时，思考的顺序和方向往往是零乱的、随机的，没有顺序性和逻辑性，所以让学生有序操作和思考是本单元教学的重难点之一。在经历本单元 2～5 的分与合、6～7 的分与合的学习后，学生已经初步感知了有序思考。所以本节课旨在借助优学派，让学生在认识 8、9 的分与合的过程中，体会学习方法的迁移，进一步掌握有序操作和思考的策略。借助优学派，我设计的教学环节包括：①创设情境，引发需求；②动手操作，经历有序；③交流展示，感悟有序；④检测反馈，理解有序；⑤小结反思，内化有序。本文主要选取第 2～4 这三个环节进行具体阐述。

二、《8、9 的分与合》教学实践

（一）动手操作，经历有序

从教材上可知，《8、9 的分与合》的第一个教学活动是让学生在操作中感悟“8 可

以分成几和几”。在一般的教学中，学生主要借助小棒进行“分一分”活动，由于学生年龄较小，他们摆小棒需要花费一定的时间，而且有的学生不按要求，将小棒分成好几堆，不能顺利完成学习任务。或者是教师为了节约时间，直接课件演示分的过程和结果，学生仅凭直观记忆很难真正理解有序思考的方法和意义。当学生完成操作后，他们是按怎样的顺序分呢？这需要基于学生的操作过程来看学生的思维路径。在传统的教学中，学生虽然经历了动手实践的过程，但是教师无法了解学生具体的操作情况，很容易错过许多精彩的“生成”。

在本节课中，我利用优学派的互动题板，让学生在操作中回答“长颈鹿和大象分桃子，8 个桃子可以分成几和几？动手分一分”。在发送任务前，我提示学生要按顺序分一分，并把书本上的分解式填写完整，操作时记得录屏。我发送互动题板任务后，学生在优学派上进行操作（如图 1 所示）。学生每分完一次，可以选择“桃子还原”这个按钮，然后重新再分，直至完成所有的分法。他们一边操作一边录屏，这可以把他们操作过程记录下来。我选择了部分学生的操作视频进行投屏展示，提前完成的学生可以观看其他学生的操作情况，在观看他人的操作视频中，体会操作方法的不同。

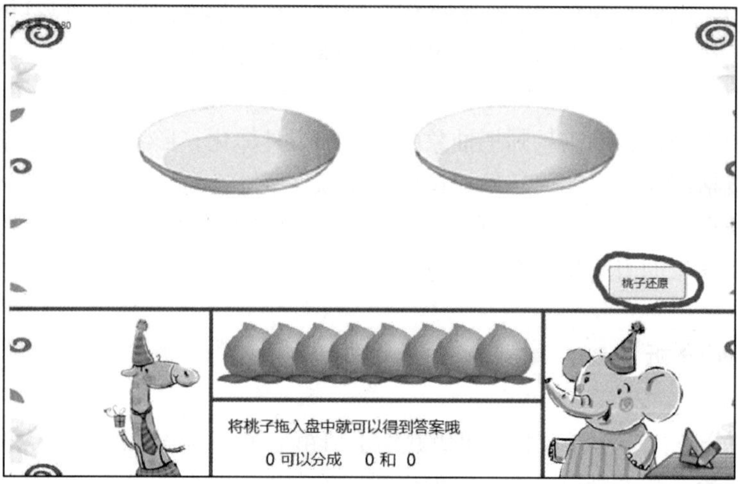

图 1　学生利用优学派的互动题板“分桃子”

分桃子是学生喜欢且熟悉的生活场景，而且比起分小棒，移动图片更容易操作，并且可以达到同样的学习目的。特别是“桃子还原”这一功能，有效节省了学生重新分一分的时间，让学生把精力投入到如何按顺序分一分桃子这一核心任务上。优学派的录屏功能可以录制学生的操作过程，所以最后呈现的不仅仅是学生的探索结果，还有学生的操作过程。教师可以引导全班学生观看操作视频，组织学生进行讨论、辨析，在互动交流中让学生更加深刻地感受到有序思考的方法和作用。

（二）交流展示，感悟有序

比较，是一种重要的数学思想方法，在数学学习中会经常使用。组织学生对完成的作品进行交流对比，可以让学生更进一步理解有序思考与无序思考的差别。在一般的教学中，教师要展示学生作品，每次只能请一名学生上来演示，由于学生演示过程没有留下痕迹，所以学生就要把所有分法记在脑中，这对于一年级的学生来说无疑是一项巨大的挑战。学生展示完后，教师组织学生进行分析对比时，学生很有可能已经忘记上一位学生展示的内容，非常不利于学生进行对比。

在本节课中，我利用优学派选择几个较为典型的作品同时进行对比展示，让学生来评价这些作品。

教师：老师选择了四位同学的作品，请大家仔细观察，你认为哪些同学的作业是从小开始想起，按从小到大的顺序分一分的？

学生观察后，教师组织学生投票，选出自己心中的最佳作品（如图 2 所示）。

结束投票，教师组织学生说一说选择的理由。

学生 1：我喜欢这个同学的方法，是因为他是从 1 想起的，左边盘子里先放 1 个，右边盘子里就放 7 个；接着是左边盘子里放 2 个，右边盘子里放 6 个；左边盘子里放 3 个……

学生 2：我喜欢这样按顺序的分一分，因为很容易记住，而且不会乱。

……

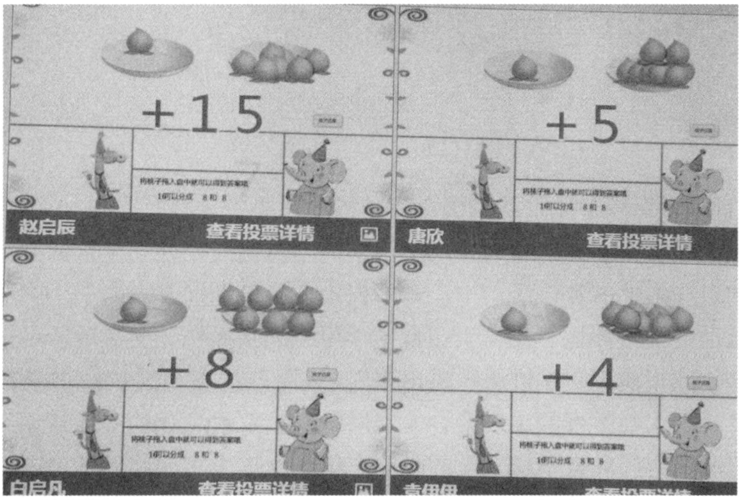

图 2　对四位学生的作品进行投票

利用优学派进行对比展示，教师可以同时呈现 4 名学生的作品，并以投票的形式让学生积极思考、进行辨析，促进了生生之间的互动与交流。最后，教师根据投票的结果，可以了解学生的思维方式和水平，同时很自然地引发学生之间的争辩，从而引领学生的思维走向深处。

（三）检测反馈，理解有序

练习是数学课堂教学中必不可少的教学环节。通过多种形式、不同层次的练习，可以让学生再次加深对 8、9 分与合的认识。在一般的教学中，学生练习结果的反馈，通常是由教师巡回观察或指名回答。这种反馈的方式比较片面和耗时，有时候教师掌握的情况或许不太准确，很难及时捕捉错点、发现难点，致使练习的效果大打折扣。

在本节课中，教师利用优学派布置客观题，直接发送给学生进行作答。学生在优学派上填写答案，提交后由系统自动批改（如图 3 所示）。教师根据系统生成的数据做针对性评价与讲解。

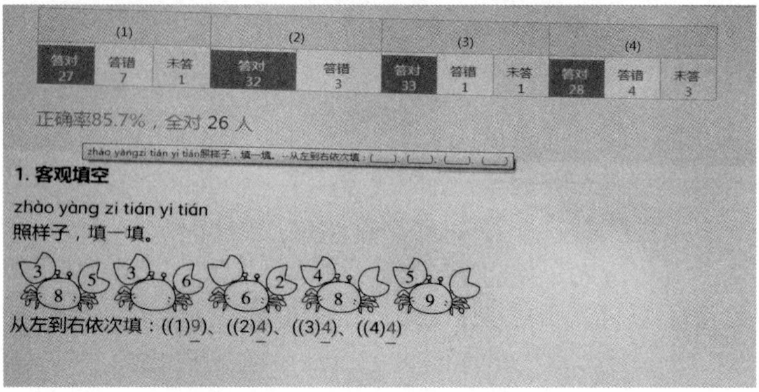

图 3　系统统计学生答题情况

优学派可以自动批改，统计出客观题的正确率和出错的学生，这样教师就能在第一时间了解学生的学习情况，并引导学生分析和纠正错题，从而让学生掌握练习题中涉及的每个知识点，感悟每种思想方法。

三、总结

《义务教育数学课程标准（2011 年版）》指出，要把现代信息技术作为学生学习数学和解决问题的强有力工具，致力于改变学生的学习方式，使学生乐意并有更多的精力投入到现实的、探索性的数学活动中。本节课中，我借助优学派为学生营造了一个生动活泼、深度互动的学习环境，让学生在自主学习、动手操作、交流展示中进一步体会有序思考的价值，真正实现“学进去，讲出来”，从而打造更为高效的小学数学课堂。我坚信现代信息化技术与教育的深度融合，能够推动教育信息化的实践与创新，有效突破传统教学在时间、空间和教学模式上的限制，给学生提供多元化的学习方式和智能化的学习体验。

参考文献

[1] 时迎霞．在新课程改革中实现信息技术与小学数学教学的整合 [J]．中国教育技术装备，2012 (13)：101－102.

初中数学智慧课堂实践：《探索与表达规律》

陕西省汉中市西乡县第五中学　贾　茜

一、教材分析

《字母表示数》这一章是开启整个初中阶段代数学习大门的钥匙，《探索与表达规律》作为本章的最后一节，是学生初步学习数学符号语言后在应用方面的升华。教学时首先要使学生体会到代数式是刻画现实世界的有效数学模型，其次要使学生在经历探索事物间的数量关系并用字母和代数式表示的过程后，建立初步符号感，发展抽象思维。

二、学情分析

学生在前面几节已经学习了用字母表示数的意义，学习了去括号、合并同类项等法则，这为顺利完成本节课的教学内容打下了基础，但对于复杂问题的规律寻求和理解，学生可能会产生一些困难，所以教学中应予以简单明了、深入浅出的分析。

七年级学生具有好奇好动、敢于质疑、大胆实践的性格特征，分析、思考、归纳、推理、判断等思维能力也达到了一定的水平，质疑、探究、讨论、合作的意识比较强，开展小组合作交流活动也有一定的经验。因此，学生都非常愿意在教师的指导下，通过想象与操作、合作与交流，探索和研究知识。这充分体现了学生是学习的主人，教师是教学活动的组织者、引导者和参与者。

基于对教材的解读，我在正式上课之前通过优学派给学生推送了微课和练习题，要求学生完成自主学习。通过平台的数据反馈，我发现学生不仅在规律的表达方面还存在问题，而且在整个探索过程中他们也不擅长借助表格去反映变化的次数与结果间的联系。基于课前的数据反馈，我主动调整了原来的教学设计，增添了对这些问题的深入探究，让课堂更有针对性。

三、学习目标

基于对新课标和教材的分析与解读，以及课前检测的数据反馈，我将本堂课的学习目标设定如下：

1. 能从不同的角度探究桌子和椅子之间的数量关系，归纳其中蕴含的规律，并用代数式表示，最后通过计算验证；

2. 内化探索规律的方法，能应用探索出的规律解决实际问题；

3. 在经历观察、自主探究、合作交流、归纳总结等活动中感受数学学习过程，形成主动学习的习惯。

四、教学过程

（一）情境导入

教师以视频形式播放学生耳熟能详的儿歌，引导其在轻松欢快的氛围中进入学习，如图 1 所示。

1只青蛙1张嘴，2只眼睛4条腿，1声扑通跳下水。

2只青蛙2张嘴，4只眼睛8条腿，2声扑通跳下水。

3只青蛙3张嘴，6只眼睛12条腿，3声扑通跳下水。

……

你能继续接着唱下去吗？你能用字母表示这首儿歌吗？

图 1　情境导入

【设计意图】首先，引用学生熟悉的儿歌，使其体会到现实生活中的事物也有规律，理解数学来源于生活；接着，“你能用字母表示这首儿歌吗？”的提问，为继续学习本堂课内容埋下伏笔。

（二）探究新知

课堂教学中，教师依次设置了 4 个探究活动，旨在让学生通过观察、思考、自主探究、小组合作等活动发现规律并用式子表示规律。

【探究活动一】七年级某班要上一节主题班会，需要重新摆放桌椅。一张桌子可以坐六个人，班委会按照如图 2 所示的方法摆下去，你发现了什么规律？

教师引导学生利用手中的道具摆一摆，并在表格中填一填，独立完成规律探索问题，然后在小组内交流讨论形成共识，最后在全班进行展示分享。

桌子张数	1	2	3	4	…	N
可坐人数	6				…	

图 2　探究活动一

【技术使用及分析】利用优学派的截图发送功能，教师将图 2 内容一键发送到学生的平板电脑上。学生通过观察、分析、计算完成规律的探索与发现。不同学生的探索思路不同，写出的表达式也就不同，为了充分挖掘学生的思维，教师采用对比的方式调取部分学生完成的结果投影到大屏幕，供学生共同分析探讨。

【设计意图】同样用情境导入，学生在自然而然中完成过渡，贴近生活实际的情境，能让学生产生设身处地解决问题的兴趣。另外，本环节为学生提供了实物道具和表格作为脚手架，帮助学生借助实物抽象出规律；在学生完成任务后，通过对比不同的学生作品可引导学生得出感悟：①对同一个规律问题的多种探索思路，源自不同的图形组合方式；②不同的规律探索思路中都有一个共同的实质：变与不变；③任何猜想都需要验证。

【探究活动二】你能发现图 3 中的数字有什么规律吗？横行三个相邻数之间有怎样的关系？能用字母表示吗？竖列三个相邻数之间有怎样的关系？能用字母表示吗？相邻三数之和与中间的数有怎样的关系？你能用字母来表示和验证吗？

日	一	二	三	四	五	六
	1	2	3	4	5	6
7	8	9	10	11	12	13
14	15	16	16	18	19	20
21	22	23	23	25	26	27
28	29	30	30			

图 3　探究活动二

【技术使用及分析】利用截图发送，将问题以及图 3 发送给学生，要求其独立操作完成。学生提交结果后，教师可通过实时统计了解学生对此问题的思考结果。

讲评学生作品时，教师使用了随机抽取功能，抽查学生是否认真思考，以此来把握全班对这一问题的掌握情况。在日常教学中，随机抽取是抽样调查的最好方式，我一般会在发布问题之初告诉学生这个环节将采用随机抽取的方式进行分享，这可以促使学生认真思考，一定程度上提高学生的课堂参与度。

【设计意图】每个环节用问题引导学生思考，帮助学生将在上一环节中总结出来的经验进行迁移应用；问题串的设置，引导学生的思考从特殊延伸到一般，进而发现规律、总结规律，最后用字母表示规律。

【探究活动三】在图 4 中，“+”字形区域内的五个数之和与正中心的数有何关系？能用字母表示并验证这个关系吗？这个关系对任何一个月的日历都成立吗？

日	一	二	三	四	五	六
	1	2	3	4	5	6
7	8	9	10	11	12	13
14	15	16	17	18	19	20
21	22	23	24	25	26	27
28	29	30	31			

图 4　探究活动三

【技术使用及分析】本环节中，教师使用屏幕广播将大屏幕内容共享给学生，并引导学生一起分析思考，最后学生将思考结果写在作业纸上，教师通过移动展台抓取学生的典型答案作为全班共同学习研究的对象进行投屏展示。通过生生之间的交流碰撞、教师的及时点拨，学生在此环节建立起了初步的符号意识。

值得一提的是，在日常的试卷讲评课中，我也会经常使用移动展台，它可以让我及时获取学生的典型做法，为“顺学而教”提供丰富的素材。

【探究活动四】图 5 套色方框中的 9 个数之和与该方框正中间的数有什么关系？这个关系对其他这样的方框成立吗？你能用代数式表示这个关系吗？这个关系对任何一个月的日历都成立吗？为什么？你还能发现这样的方框中的 9 个数之间的其他关系吗？用代数式表示。

日	一	二	三	四	五	六
		1	2	3	4	5
6	7	8	9	10	11	12
13	14	15	16	17	18	19
20	21	22	23	24	25	26
27	28	29	30			

图 5　探究活动四

【技术使用及分析】借助优学派的截图发送、实时统计、调取展示等功能，教师用明确的指令指导学生进行了“独立思考→组内交流→全班展示→组间互评”等一系列活动。

另外，在分析学生作品时教师也可以用对比和人气投票等操作方式，既有助于以学生的思维起点为素材进行教学，也能活跃气氛，让每个孩子都积极参与、积极思考。

（三）课堂检测

在教师的带领下经历了四个探究活动后，学生掌握程度如何？是否达成了教师预设的学习目标？带着这些疑问，教师在最后设置了 2 道检测题，以检测学生在本堂课的学习情况，如图 6 所示。

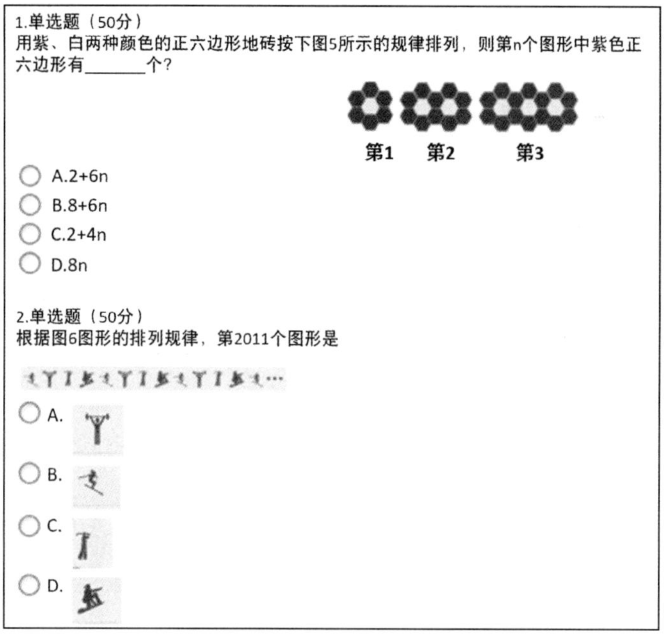

图 6　利用优学派发送课堂检测题

【技术使用及分析】教师一键发送提前生成的互动试题，学生完成后系统自动批改统计，学生正误情况一目了然，教师只需要挑选错误率较高的题目进行重点讲解即可，不必再像过往课堂一样在每道题、每个知识点上平均用力。再者，如果教师愿意，可具体查看某一个学生在某一个知识点上的错误，便于在课后对其进行有针对性的辅导。利用客观试题对学生进行当堂检测，大大缩减了作业“发送→反馈”的时间，帮助教师做到“堂堂清，课课清”。

（四）盘点收获

引导学生思考本堂课有哪些收获，还有哪些疑问，重在引导学生学会反思。大部分学生都能总结出知识与技能、过程与方法等方面的收获，但对于情感态度与价值观方面的收获，思考甚少。此时，教师会引导学生回忆本节课涉及的实例，进而总结出“数学来源于生活并服务于生活”的数学学习理念。

五、教学反思

与以往的课堂相比，本堂课最大的一个改变就是每个环节均以问题为导向，学生有更多的时间进行思考、自主探究，并和同学交流想法。最终的结论不再像以往课堂一样是教师讲授出来的，而是学生经历一系列探究思考活动后自己总结归纳出来的，这更有利于学生对本节课知识点的理解和吸收，当然这少不了优学派的辅助作用。正因为优学派的介入，教师可以快速了解到学生在每个环节的思考过程和探究结果，这为顺学而教提供了充足的材料；同时优学派的介入，也大大缩短了环节间的衔接时间，让课堂效率变得更高。虽然我们对于初中数学智慧课堂的尝试才刚刚开始，但已收获成果，在往后的教学中，我们还会继续挖掘、深入研究，以期让每一堂数学课都变得智慧起来。

优学派支持下的小学英语个性化学习

四川省成都市泡桐树小学西区分校　戴志容

一、前言

个性化学习是针对传统教育提出的发展学生个性的教育思想，最早是由美国著名教育心理学家布鲁姆提出的，是指教育者根据学习者的个性特征实施教育活动，充分发挥学习者的主动性，在促进学习者全面自由协调发展的基础上促进学习者个性的发展。而目前，我国基础教育以大班教学为主，教学时还是统一的教学方式、统一的教学内容、统一的教学进度，甚至统一的作业及评价，非常不利于发挥学生的主动性，不利于学生的个性化发展。

《教育信息化十年发展规划（2011—2020 年）》指出“全民教育、优质教育、个性化学习已成为信息时代教育发展的重要特征”，并提出要“充分发挥现代信息技术独特优势，创新教学方式与教育模式，提升学生自主学习能力”。在这样的背景下，我校引入优学派，开始利用现代信息技术创新教与学的方式，促进学生的个性化学习。通过优学派，我们可以构建个性化的学习空间，为学生的个性化学习服务。因此，笔者试图通过自身的教学实践，阐述优学派支持下的小学英语个性化学习。

笔者在应用优学派进行小学英语课堂教学实践中发现，优学派能有力地支持学生的个性化学习。优学派的倒计时功能可以帮助教师把控教学进度，优学派系统自动统计正确率，能精确反馈学生课堂教学知识的理解和掌握情况，便于教师提供“私人定制式”的帮助。优学派涵盖了视频、音频等丰富的学习资源，能满足学生个性化学习的需求。笔者通过自身的教学实践，总结出优学派支持下的小学英语个性化学习包括：开展个性化学情诊断、组织个性化学习活动、进行个性化指导、形成个性化作品、实施个性化评价。

二、小学英语个性化学习的开展

（一）开展个性化学情诊断

以人教版（一起）小学英语二年级下册《Unit5 In the park》的第二课时为例，笔者布置课前导学任务，通过听力题、图文匹配题检测学生对于第一课时单词的掌握情况（如图 1 所示）。优学派可以对学生课前学习行为进行数据统计，提供学情诊断，并反馈每位学生的学习情况。教师可以基于数据判断全班学生对单词的掌握情况，也能了解个别学生的知识漏点，发现学生的个性差异，总结学习问题，从而及时调整教学。

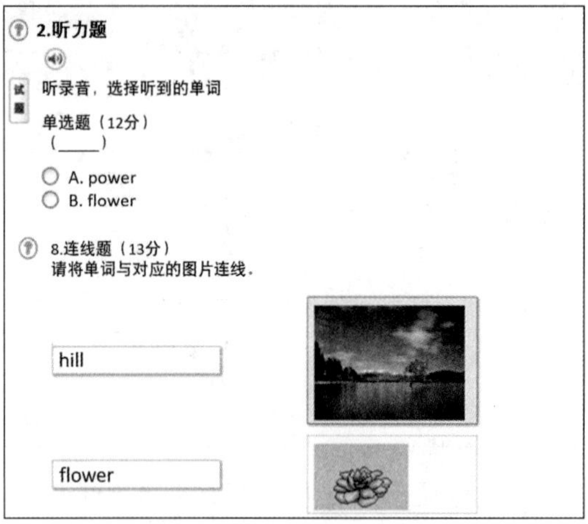

图 1　课前导学任务

（二）组织个性化学习活动

在传统英语课堂中，学生接受相同的学习内容，对话讨论的 topic 也大致相同，学生的语言输出差异不大。在《Unit5 In the park》第二课时中，学生需要在情境中运用“There is a ________ on the ________. There are ________ in the park.”主功能句。传统课堂很难创造丰富的情境，但优学派的互动题板给予了教学很大的方便。教师可以引导学生在互动题板上任意选择公园景物，设计自己喜欢的公园，并和同伴用主功能句进行讨论。提供的公园景物是多样的，学生的选择是个性化的，设计成的公园情境是丰富的、个性化的（如图 2 所示）。在丰富的情境中，学生可以根据自己的喜好、自己的知识水平进行个性化的语言表达。如“The rabbit is under the tree. The butterflies are on the flowers. The boy is on the horse.”同时，学生还可查看其他学生设计的公园，并用主功能句进行描述。这在无形中丰富了学生的语言素材，给予了学生更多个性化的选择。

图 2　学生完成互动题板任务

（三）进行个性化指导

在《Unit5 In the park》第二课时中，当学生学习、理解、听读、能初步运用主功能句后，笔者进一步在优学派上设计了“Finish the blanks according to the picture.”让学生进一步巩固所学词汇、句型（如图 3 所示）。

图 3　学生在优学派上进行练习

在传统课堂上，教师需要为每位学生准备题单，并且师生比是 1∶N，教师大多数情况下只能和部分学生进行互动，很多学生无法得到教师对自己学习情况的及时反馈和个性化指导。而在优学派的支持下，教师可以实时跟踪学生的答题进度，并实时查看已完成学生的作答情况。这些数据为教师对学生的个性化指导提供了有力依据，教师可以针对性地对未完成的学生进行提醒，对有错误的学生进行精准地辅导，提高每位学生的学习效率。

同时，在学习过程中，每位学生使用优学派后会形成学习记录，优学派能把学习者容易出错或混淆的知识记录下来，并自动生成强化练习，学生可以根据自己的情况进行补救学习或拓展学习。另外，优学派的“句子发音练习”等互动教学软件能为学生朗读句子评分，个性化地指导每位学生的英语发音。学生也可以上传自己的录音作品，教师可以便捷地了解每位学生对英语知识的掌握情况，并提供一对一的评价和指导。

（四）形成个性化作品

在学生学完 Seasons 单元，熟练掌握“spring，summer，autumn，winter”等单词，熟练运用“What's your favorite season? It's spring.”的功能句后，笔者布置了以下个性化作业（如图 4 所示），给予学生充分的自主选择权。

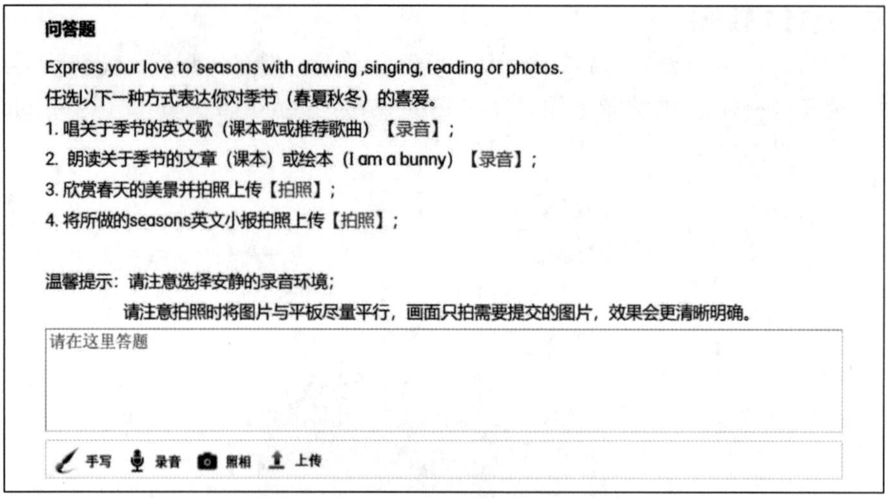

图 4　学生完成个性化作业

借助优学派，学生可以个性化地选择作品的呈现方式，如图片、音频、视频等，优学派使得以上尊重学生个体差异的活动成为可能，学生可以根据自己的喜好、特长来完成作业，展示自己最优秀的一面，形成个性化的作品。有学生通过唱英文歌表达对春夏秋冬的爱，部分学生选择用相机和文字记录春天的美："I like spring. It's warm. I can fly a kite in spring."也有学生选择做图文并茂的主题小报，学有余力的学生则会选择多种方式进行表达。

（五）实施个性化评价

首先，基于优学派，课堂教学的评价主体更加多元化。传统课堂中，对学生的评价主要来自教师，并且教师很难对每位学生进行个性化的评价。在优学派的支持下，教师可根据答题情况、互动情况给予不同学生不同的评价。如在答题进行时，教师通过"表扬已完成"给予答题速度快的学生正面评价，通过"积极认真"表扬学习过程中态度端正、认真的学生，同时，教师还能通过其他评语表扬正确率很高的学生。这些个性化的表扬，增强了学生的学习自信心。

除了教师评价，不可或缺的是同伴互评。传统课堂的同伴互评只能局限在少数几位同伴之间，并且同伴是固定的。优学派为所有学生提供了协同学习的空间，每位学生可以收到班上任意一位学生的评价，所有的评价对于这位学生来说都是有针对性的、个性化的，更能促进学生的反思与成长。

其次，在优学派的支持下，评价的项目更加综合化。传统课堂的评价项目包括测试成绩、英语单词句子语音、故事表演、复述课文、课堂练习等检测，虽然这些评价项目比较全面，但都只能局限于少数学生身上。在优学派的支持下，学生可将朗读的单词、句子、故事，演唱的歌曲，复述的课文，以录音的形式上传至班级空间，教师和学生都可以对之评价，指出优点并提出针对性的建议。此举对低段学生的英语学习非常重要，有利于学习者形成良好的语音语调与节奏。

三、结语

教师基于优学派开展教学，能尊重学习者个体差异，能在大数据、云平台的支持下，创建独立的学习空间，给予学习者特别的学习体验，营造多元化的学习环境，见证学习者的个性化成长。笔者在以后的教学实践中，还将继续探索优学派支持下的小学英语个性化学习。

参考文献

1. 中华人民共和国教育部.《教育信息化十年发展规划（2011—2020 年）》[EB/OL]. 2020.12.15. http://old.moe.gov.cn//publicfiles/business/htmlfiles/moe/s5892/201203/xxgk_133322.html.

2. 吴洪艳. 个性化学习理念与翻转课堂教学模式的融合 [J]. 现代教育技术，2015，25（08）：46−52.

3. 邓晖，徐梅林. 网络学习环境之个性化属性调查及启示 [J]. 现代教育技术，2003（01）：49−54.

优学派助力小学英语课堂改革

——以《China》为例

河北省石家庄市国际城小学　郭　琪

随着信息技术在教育领域中的应用，智慧课堂这个新名词逐渐走进我们的视野。那什么才是智慧课堂？基于智慧课堂的教与学会发生什么变化？我校在裕华区教育局的大力支持下，率先承担重任，选用优学派这一教学辅助工具开启智慧课堂教学的实践探索。在这条路上，我们一步一个脚印，踏实稳健地走出了一条属于自己的智慧课堂之路。在校领导的大力支持下，我个人也在飞速成长，对英语智慧课堂有了一些独特的见解，现以一节英语课为例，来说一说我眼中的英语智慧课堂。

一、内容分析

此次授课的内容是冀教版小学英语五年级上册第二单元第七课，这是一节新授课。本单元将围绕国家展开知识学习，发展学生认识各个国家的能力。本课旨在让学生学会表述我们的祖国，了解一些关于我们国家的信息。

五年级学生的特点是活泼好动、乐于参与，他们学习了四年的英语，已经可以进行简单的英语交流。但本节课是第二单元第一课，和之前的内容连贯性不大，所以学生对于本课并没有太多的知识储备。为了顺利完成本课的教学任务，我在课前发布了关于课文重点内容的视频，让学生在课前先自学，然后在课上采用小组合作探究学习的方式，让学生通过互助学习，顺利突破本课教学重难点。接下来，我就结合这节课说一说，在教师的引导下，学生如何利用优学派进行课堂学习。

二、课前自学

在以往的英语教学中，我们也提倡课前自学，但课前自学效果并不理想。首先，由于教师时间有限，往往安排了课前预习，却很少检查课前预习情况，所以学生预习了多少，预习得怎么样，这都是教师不知道的。其次，有的教师会让学生学习单词、阅读课文内容，但学生预习时单词读音不一定准确，阅读课文没有目标，也没有检测方式，这导致课前预习达不到教师的期望。

借助优学派，教师安排课前预习任务后，学生可以利用优学派上的学习资源进行自学，教师可以布置相应的练习题目，让学生预习后进行小测试。这样，教师借助平台的统计数据，在课前就能了解学生薄弱的知识点，做到“课前心中有数，课中集中突破”。在学习本课时，课前我发布了的自学任务包括以下 6 条（如图 1 所示）。其中，第 5 条是“完成探究视频录制，对应难点知识点讲解”，主要针对学有余力的学生。

1.根据词卡，学习关于交通工具以及关于地点的单词，为新课的单词学习做好铺垫。然后通过微课视频提前学习重点句型。
2.完成预习相关练习。
3.观看关于上下学注意安全的小视频，提升安全意识。
4.查找关于在各个地点可以做的事情的短语并自学。
5.完成探究视频录制，对应难点知识点讲解。
6.写下自己在学习中的疑惑点，可以发到英语学习群进行交流。

图 1　课前发送的导学单

通过课前学习，学生对本课有了初步认识，教师也可以通过数据反馈（如图 2 所示），明确自己课上的教学重难点。从课前数据可知，学生对于新单词和句型掌握得比较好，正确率高。但第三题正确率最低，第三题是关于国家细节的表述，还有一部分学生存在困难。所以我调整教学内容，准备在课上通过口语练习，让学生更好地巩固应用。

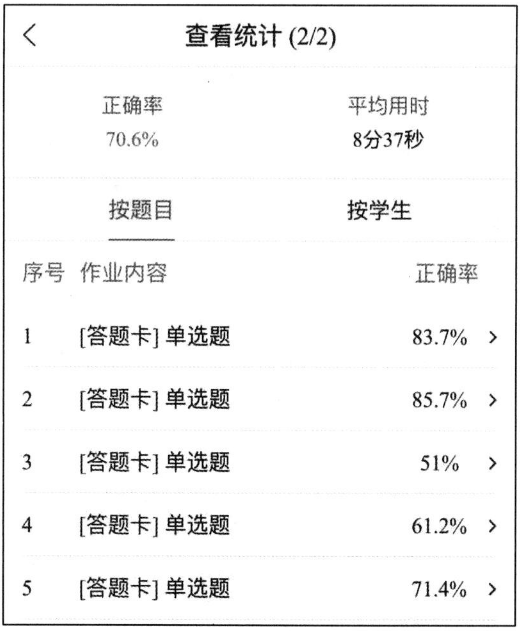

图 2　课前自主学习的数据反馈

三、课中教学

优学派为我的课中教学提供了更多的可能。在以往教学中，更多的是我讲授新知识，学生听记即可，时间大约有 20～25 分钟，剩余的时间就是让学生进行练习，巩固所学。在这种情况下，学生还没弄懂知识，就开始了巩固，只会“巩固错误”，学习效果并不理想。

但借助优学派，我的课堂发生了改变，真正把课堂还给了学生。首先，我会基于课前的练习反馈，有针对性地进行教学设计。在教学时，我更加注重与学生的交流互动，让学生在交流中突破预习时遇到的问题，例如，个别单词的读音、部分句型的应用。在突破困难后，我会利用优学派布置游戏闯关活动，让学生再次对基础知识进行巩固。在这之后，我会根据情况让学生进行口语专项练习、书面表达或者小组阅读探究等活动，基于学生思考展开教学。最后，我会结合本课的重点内容，利用优学派发布练习任务，帮助学生巩固新知。在这样的课堂里，我更加关注学生听说读写各方面发展，而不是学生对知识的死记硬背。在本节课中，我的教学分为以下几个环节。

（一）播放视频，导入课堂

课堂伊始，我引导学生在线观看了一段关于北京简介的短视频，让学生说一说你看到了什么。通过这样的方式，学生的注意力很快集中到我们本课的教学上来。然后，为了更好地激励学生提升学习积极性和表达欲，我设置了学生喜欢的闯关游戏，进一步展开学生的探究。

（二）创设情境，进行探究

第一步，为了解决部分学生课前预习中单词词意理解不准确的问题，我设置了第一个闯关活动，让学生利用优学派进行“图词连线”的任务，通过连线的方式，帮助学生巩固对单词的理解（如图 3 所示）。在练习时，优学派可以迅速统计学生的答题情况，教师可以第一时间了解学生的作答正确率，直观地发现还有哪些学生在词意理解上还存在问题，以便课后进行辅导。同时，课堂练习完成后，教师可以利用点赞功能，对学生进行表扬与激励，激发学生学习英语的兴趣。

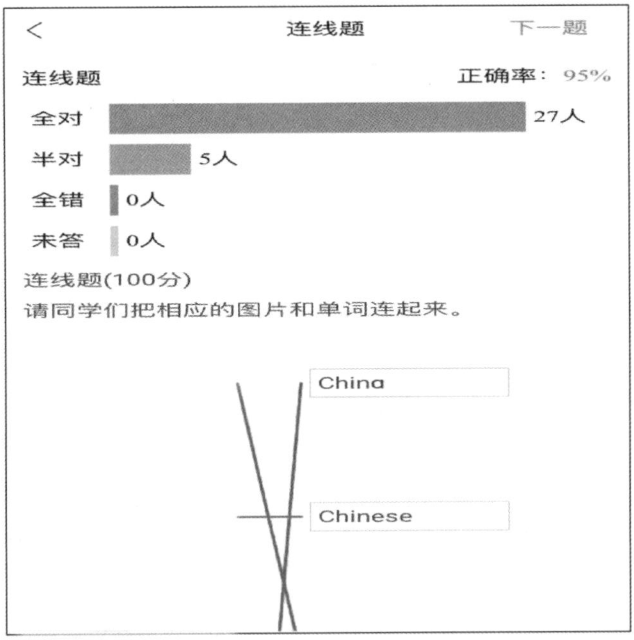

图 3　巩固词汇学习

第二步，为了解决学生课前预习时表述国家细节知识不当的问题，我先着重讲解了学生在预习时出现的问题，然后组织学生进行口语练习，让学生在练习中进行表达输出。练习前，我先借助图片，在黑板上创设思维导图，为学生的语言输出提供基础保证（如图 4 所示）。接着，我设置了新的闯关，让学生自由结组，利用黑板上的思维导图进行口语探究，并让学生在小组合作学习中完成口语练习。当他们完成后，他们可以利用优学派发送“I'm ready”等话语，教师可以查看进度，快速了解学生的完成情况。

图 4　口语练习

第三步，当学生小组练习结束后，我运用了优学派的随机选取功能，抽取个别学生进行口语表述。这里我重点关注课前存在困难的学生，让他们进行表达，对于表达正确、流利的学生，我会及时进行点赞与表扬，以此鼓励学生大胆表达，积极发言（如图5所示）。

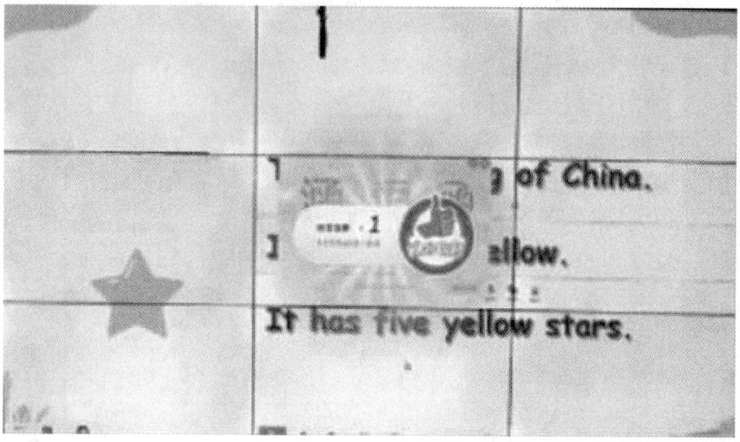

图5　点赞与表扬学生

（三）练习反馈，巩固所学

在初步解决问题后，为了巩固本课所学知识，我还利用优学派发送了句型连线的练习，让学生在练习中巩固提升（如图6所示）。

图6　句型巩固练习题

在接下来的练习中，为了让学生更全面地了解我们的祖国，我还利用优学派给学生发送了关于中国著名景点的视频，帮助学生更好地了解我们祖国的名胜古迹，使课堂教学内容更丰富，也为学生对国家进行表述提供了更充实的素材。

（四）拓展延伸，提升素养

通过一节课的闯关活动，学生对于如何表述中国、介绍中国有了充分的认识。所以在课堂最后，我播放了一段关于中国发展的视频，让学生感受我们伟大的祖国，并再次进行小组合作，表述自己对于祖国的热爱之情，提升学生的爱国情感。

四、课后延伸

在以往教学中，教师布置的英语作业比较固化，要么是单词抄写，要么是课文背诵，要么是语法的练习题，这样的作业十分枯燥。但现在不同了，我借助优学派能给学生布置多元化的课后练习。学生可以在游戏中完成自己的练习作业。对于不懂或者不会的问题，即使没有教师的讲授，学生也可以结合优学派的学习资源进行再次学习。

在本课课后，我把课堂思维导图的图片发送给学生，让学生结合图片进行口语练习（如图 7 所示），这种方式可以把课上的内容拓展到课后，为后续学生的写作打下基础。为了提升学生学习的兴趣和自信心，我在下节课时会录制学生的口语练习并进行展示，让学生在展示中分享，相互评价，进一步实现同伴之间的学习交流。

本节课我运用了优学派辅助教学，大大激发了学生学习的积极性、主动性以及表现自我的欲望，课堂不再是我的主讲平台，而是学生互动探究、展示交流的平台。在这样的氛围下，学生可以更快乐地学习，真正成为课堂的主人。在今后的教学中，我也会更努力地学习，提升自我，希望可以更快地成为一名出色的智慧型教师。

借助“智慧”之风，创新美术教学

陕西省西安市未央区大明宫小学　吕　潇

随着信息化时代的到来，人们的教育理念也在不断更新，美术教学也被赋予了新的内涵。以往的美术教学更加重视知识与技能的传递，忽略了学生在学习过程中的发现、探索和体验。优学派融入美术课堂后，瞬间让课堂焕发新的活力，大大增加了美术课堂的“信息量”和“科技量”，丰富了课堂教学内容，提高了课堂效率。

一、课前导学：凝聚“智慧”之力

在以往教学中，学生也会进行课前学习，但学生的自主学习不能得到教师的有效引导，学生自学时有没有疑惑？教师在课前预设的重难点知识，学生自学时能够掌握到什么程度？这些都是教师难以了解到的信息。借助优学派，教师可以将课前需要学生了解的学习内容和资料，以图片或微课的形式发给学生，并要求学生自学后填写任务学习单，确保学生学有所思。

例如，在教学人美版五年级下册《人民艺术家——齐白石》一课时，由于教学内容多，课堂容量大，如果教师一味地填鸭式讲解，往往难以激发学生的学习兴趣。针对以上问题，我利用优学派发布了微课视频和任务单（如图 1 所示），让学生在课前进行自主学习，了解齐白石老人的人生经历、绘画特点、艺术造诣等，并完成学习任务单。在课堂教学时，我从课前学习任务单入手展开教学，然后再让学生说说自己还存在的疑惑，引导学生基于这些疑问进行深入学习。

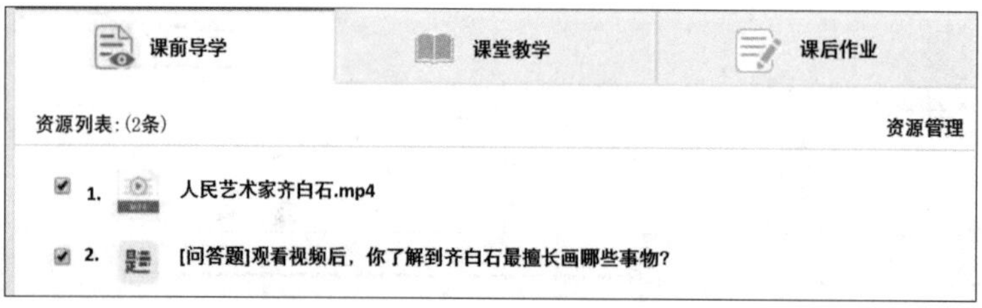

图 1　课前学习微课，完成练习

二、课中探索：点亮“智慧”之光

课堂是教师教学的“主阵地”，学生学习的“练兵场”。在这个过程中，我将优学派与美术教学相融合，从而形象、直观、生动、多角度、立体式的展示教学内容，使教学内容化难为易、化复杂抽象为直观形象，让学生耳目一新。

（一）情境创设

“造型·表现”是美术学习的基础，强调自由表现和大胆创新。小学美术新课程标准指出，低段美术教学中，要通过看看、画画、做做等方法大胆、自由地把所见所闻、所感所想的事物表现出来，体验造型活动的乐趣。因此，结合学生的学情和年龄特点，我通过声音、视频、投影、游戏等多种教学手段，为学生创设色彩丰富、影音同步、动静结合的情境课堂，极大地激发了学生的学习热情。

例如，结合小学低段学生年龄特征，我在美术课《各种各样的形》《大树的故事》《手形的联想》等课中，利用看动画、听故事、做手影游戏等方式让学生融入情境教学，使课堂更加生动有趣。

（二）突破重难点

1. 突破知识重难点

美术教学中经常会涉及许多学科知识，在学习中如果只一味地讲授，往往会让学生觉得枯燥和乏味。因此，我利用优学派设置了连线、填色、选择等形式不同的题目，帮助学生理解记忆。例如，在学习二年级《长啊长》一课中，为了让学生更好地了解种子生长中各个时期的形象，我手绘了种子生长中各个时期的模样，并上传到优学派中，让学生进行小组合作，探究连线的方式，从而达到了学习目的，为下一步学生独立绘画种子生长的过程打下了基础（如图 2 所示）。

图 2　小组合作探究连线方式

在五年级《20世纪的艺术大师——马蒂斯》一课中，学生学习马蒂斯的绘画艺术特色，知道了马蒂斯的野兽派风格作品大量使用对比色的表现手法。为了解学生关于对比色的掌握情况，我设计了对比色填图题目（如图3所示），加强了学生对本节课重难点的掌握。

图3 学生完成对比色填图题目

2. 突破构图重难点

美术教学如何构图，对学生来说是比较抽象的问题，也是学生学习中需要解决的重难点。在二年级《童话城堡》第一课时，我利用优学派的互动题板，将组合城堡需要的图形发送给学生，让学生在拼摆基本图形中感受建筑物的形状大小、前后位置与遮挡关系，从而突破了本课的教学重难点（如图4所示）。学生在拼摆中有了直观感受，在完成绘画作业时，就能更快地表现画面主体，注意建筑物之间的前后位置和遮挡关系，美术作品完成得更加生动有趣，构图也更加饱满。

图4 学生利用互动题板拼摆《童话城堡》

（三）示范演示与学习指导

美术教学的直观性和表现性，决定了课堂教学合理利用媒介的重要性，以往我们的美术课多以教师的单一示范演示来指导学生，学生在小组中合作探究，在绘画中独立思考的过程，都难以一一展示。在教学过程中，我经常利用优学派中的直播功能，展示学生手工制作和绘画过程，并利用课堂直播功能有针对性地进行指导。比如在《纸盒变家具》中，有的学生不会插接纸盒做出家具，我利用优学派直播，教给学生纸盒粘连和插接的方法。《面具》一课中，我又用直播功能，指导学生用水油分离的方法进行绘画等。优学派的辅助教学，让美术学习的步骤更加具体化，过程更加直观化，绘画技能技巧也能更充分地展示给学生，大大提高了美术课堂的教学效率。

（四）作品展示与评价

《小学美术新课程标准》指出："美术课程评价是促进学生全面发展，改进教师教学，促进美术课程不断发展的重要环节。"评价对学生起着激励的作用，直接关系到学生学习美术的兴趣、激情与信心。

在以往的美术课堂教学中，我经常是手举着学生的作品进行讲评，有时候也利用手机的拍照功能将学生作品发送到电脑端进行展示，但一次只能看到一个或几个学生的作品，不能快速地浏览全貌，所以大多时候的评价展示只集中在部分学生身上，这为我带来了许多困扰。优学派最大的亮点在于，它能在最短的时间内最大程度上将课堂上所有学生的作品进行统计与展示，教师能根据平台数据快速掌握学生的学习情况，并及时调整课堂学习的内容，有针对性地对大多数学生学习中存在的困难进行补讲（如图 5 所示）。同时，教师和学生的评价不再局限于部分学生的身上，教师可以点评，学生也能互评。这样的评价方式，为美术课堂注入了新的活力。学生也在自我评价、相互评价的过程中提高了评价能力，学会欣赏他人优点。

图 5　《各种各样的形》课堂展示与评讲

美国心理学家詹姆斯说："人最本质的需要是渴望被肯定。"美术学科是一门不以成绩作为评价标准的学科，所以每一种思想都值得被尊重，每一种画面都值得被肯定。教学中我十分注重以鼓励性的语言激励学生，当学生的作品得到教师和同学的评价、称赞时，其内心是无比激动与兴奋的，这就促使他们以更加饱满的热情投入到下一次的学习中去。

三、课后分享：绽放"智慧"之花

由于美术学习的特殊性和每个学生存在的个体差异，有些学生在课堂上能较快完成作品，有些学生则需要更多的时间才能完成，如果不给这部分学生展示的机会，势必会打击他们的学习积极性。所以，如果有学生在课堂上没有完成，我会让学生在课后将完成的作品提交到平台，让其余学生课后点评。这样，学生有更多的展示机会，课后学习也能得到充分的肯定。有的学生在充裕的课后创作时间里，甚至能提交比在课堂学习中更为丰满、优秀的作品（如图 6 所示）。

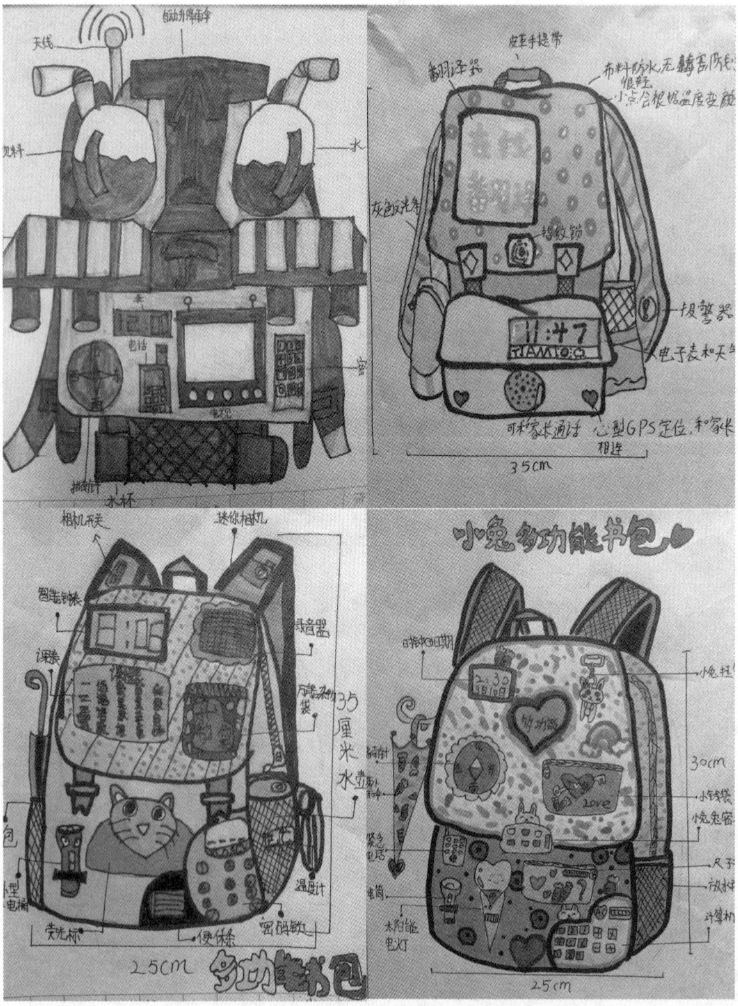

图 6　五年级学生课后作品《我的书包》

四、结语

对学生而言，优学派支持下的美术课堂有利于开拓学生的视野，发散学生的思维，使学生在欣赏、观察、探究、合作中获得前所未有的新鲜感和愉悦感。

可以说，优学派给美术学科带来了崭新的面貌，为美术教学带来了一股春风，一股活力，让美术课堂变得更加丰富多彩，达到了以往美术教学难以比拟的良好效果。

翻转课堂教学模式在初中美术教学中的应用

——以《同类色与邻近色》为例

四川省广元市川师大万达中学初中部　汪小云　樊　丹

【摘要】“互联网+教育”的发展，加快了学校教育现代化建设进程。在互联网环境下，翻转课堂这种新型教学模式为美术教育改革创造了有利条件。本文在分析翻转课堂教学模式的基础上，结合具体的初中美术课例，浅谈如何借助优学派在初中美术课程教学中践行翻转课堂教学模式。

【关键词】互联网+教育　翻转课堂教学模式　美术课程　优学派

一、翻转课堂教学模式概述

20世纪90年代，哈佛大学埃里克·马祖尔对翻转课堂进行了初探。2007年春，美国科罗拉多州落基山林地公园高中的化学教师乔纳森·伯尔曼和亚伦·萨姆斯使用录屏软件录制视频上传到网络，帮助逃课的学生补习。这意味着翻转课堂开始应用于教学，后来这种教学模式逐渐被应用于其他学科领域，对教师的课堂教学方式产生了深刻的影响，也为学生提供了一种全新的学习方式。

有学者认为翻转课堂是指学生在课前或课外观看教师的视频讲解，并进行自主学习，教师不再占用课堂时间来讲授知识，课堂变成了教师与学生之间、学生与学生之间互动的场所，包括答疑解惑、合作探究、完成学业等，从而达到更好的教育效果，亦称“颠倒课堂”。与传统的课堂教学相比，在翻转课堂教学模式下，教师不再是课堂教学的主体，而是学生的引导者。课前，学生通过微课等方式进行自主学习；课中，学生成了课堂的主角，教师主要为学生答疑解惑，引导学生进行操作探究；课后，学生可以迁移应用，巩固所学。

这种教学模式非常适用于美术学科，美术教学注重学生动脑思考、动手绘画的能力，若在一节课中教师要讲的知识内容多，学生就没有足够的时间进行创作，要么学生完成绘画作品非常糟糕，要么学生就得课后再进行绘画，但在其他文化课挤占时间的情况下，学生根本没有充足的时间来完成美术作业。这在很大程度上限制了学生创新思维、个人动手能力的发展，也不利于美术教学的顺利完成。

在翻转课堂教学模式下，教师可以提前录制微课视频，让学生课前自主学习，并以作业的形式对学生自学进行诊断，通过“先学后教”的教学方式，课堂上教师就能精讲教学内容，给予学生更多的时间进行美术创作。若课堂还有时间，师生可基于学生绘画作品进行交流讨论，提升学生的品鉴能力；若无时间，教师可以让学生将作品拍照上传至班级空间、QQ 群或微信群，让学生进行线上交流讨论。这样的教学方式有利于学生的创作与交流，促进了课堂教学效率的提升。

二、基于翻转课堂教学模式的美术教学实例

在翻转课堂教学模式理念的影响下，我结合义务教育七年级美术下册《同类色与邻近色》一课为例，设计了“课前自主学习——课堂探究互动——课堂创作——课后作品展评”的教学流程，在初中美术教学中践行了翻转课堂教学模式。

（一）课前自主学习

首先，我设计了学习管理平台，建立了 QQ 学习群，将学生分为若干小组，由小组长督促学生学习。在本课的教学中，我制作了 6 分钟的微课视频，对同类色与邻近色的概念、特征及在生活中的运用等知识进行了讲解（如图 1 所示），并在课前推送到授课班级，学生周末在家中利用优学派学习推送的微课视频，并按照微课中的作业要求，准备好课堂需用的材料。

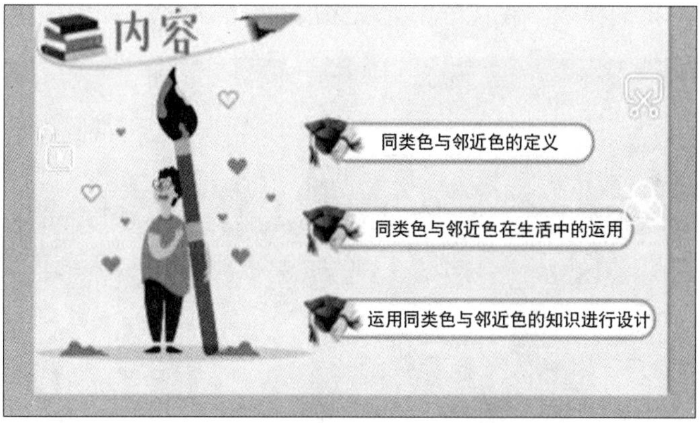

图 1　课前利用优学派自主学习微课视频

【设计意图】《同类色与邻近色》一课是色彩基础知识及其运用的课程，让学生辨识同类色与邻近色的概念与美感特征，培养学生的观察能力和表现能力，要求学生能运用同类色与邻近色的相关知识去完成一幅同类色或邻近色搭配的设计或绘画作业。本节课包含的基础知识比较多，如果在课堂上详细讲解这些概念性知识的话，学生就没有足够的时间进行绘画，所以我在课前以推送微课视频的形式，让学生周末在家利用优学派进行自主学习，微课视频时长为 6 分钟，不会耽搁学生很多时间，学生看完视频后，能对本节课的知识有一个大致的了解，然后课堂上师生再进行深入的交流互动学习。

（二）课堂探究互动

首先，为了让学生将兴趣点转移到本课的学习中来，我播放了 1 分钟有关大自然和谐色彩画面的视频（如图 2 所示），并进行提问“这些画面的色彩带给你什么感觉？为

什么会有这种感觉?”通过提问的方式，激发学生思考，活跃课堂氛围，接着再总结这些景色大都是同类色或邻近色组成的画面，导入本课的教学主题。

图 2　播放视频，导入教学主题

【设计意图】播放视频，并以提问的形式导入教学主题，可以激发学生的思考。在观看视频中，学生进一步体会同类色与邻近色就在我们的自然生活中，拉近了知识与生活的距离。

接着，我通过创造互动条件，让学生在互动探究中进一步认识同类色与邻近色。一是展示同类色与邻近色搭配的图片，检验学生能否准确判断同类色与邻近色的搭配；二是通过提问，了解学生对同类色与邻近色概念的掌握情况；三是利用优学派进行探究，让学生根据教师提供的模板，在优学派上填涂出几组邻近色（如图 3 所示）。

图 3　学生在优学派上完成填涂练习

【设计意图】借助现代媒体技术可以让学生更高效地完成互动探究任务。在师生互动的过程中，我不再是教学活动的主体，而是课堂教学的引导者。通过这三个活动，学生能进一步加深对同类色与邻近色差异的理解。学生自己探究比教师讲解的效果好得多，他们也能在这个过程中发挥主观能动性，进行深度思考。

（三）课堂创作

师生互动探究之后，就该学生现场创作了，在课前推送的视频内容中我向学生展示了课堂创作的要求，学生在周末就已经准备好课堂上要用的工具材料。课堂创作时，我要求学生应用同类色和邻近色的色彩进行搭配设计、绘画或是手工制作，任务任选其一：①设计一套生活用品。②设计一套服装。③设计一个购物袋。④设计一幅同类色或邻近色的装饰画。⑤设计一个房间的色彩搭配。⑥画一幅同类色或邻近色搭配的图画。

教师展示课前示范作品，讲解色彩填涂方法和注意事项，指导学生完成课堂创作作品。在指导过程中，分小组进行示范，并根据学生作品中存在的问题及时纠正指导，重点指导同类色与邻近色的搭配和色彩填涂的技法，对完成好的学生进行表扬和鼓励（如图 4 所示）。

图 4　教师课堂精心辅导学生作业

【设计意图】课堂学生学得怎么样，最终都体现在学生的作品创作之中，在本课中我布置的课堂任务具有多样性和导向性，便于学生发挥自己的想象力与创造力，因为课前学生已通过微课学习知道了作业要求，他们会提前选择和查阅资料、准备学具。在学生创作过程中，教师重点指导学生确定色彩搭配，进行色彩平涂。因为课前学生通过优学派上的微课已经完成了对新知识的自学，教师不用再在课堂花费太多的时间来学习新课，可以把更多的时间用来指导学生完成课堂美术作品。在教师的精心指导下，学生美术作业完成缓慢的情况得到改善，基本上都能在课堂上完成美术作品。

（四）课后作品展评

课后，教师整理学生作品，发布到优学派的班级空间上，对学生课堂作品展示进行评讲，供学生欣赏，同时指出作品中存在的问题。这也是对学生的一种表扬和肯定，有助于增强学生对美术的学习兴趣。对个别美术学习基础较差的学生，我会安排同学给他们提供一定的帮助；对有美术特长的学生，我会鼓励引导他们进行深入的学习探索（如图 5 所示）。

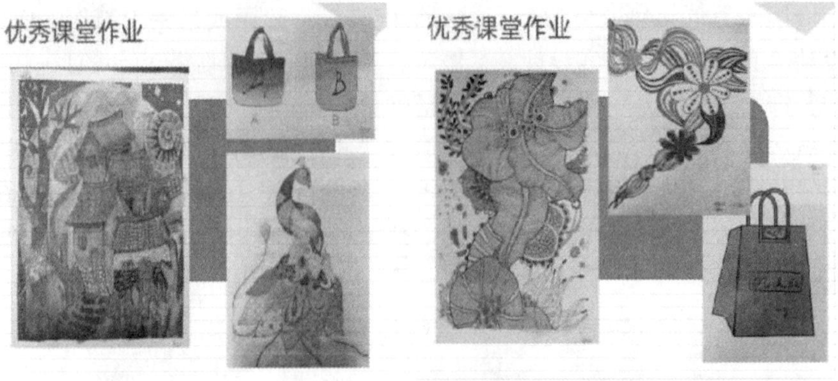

图 5　在优学派上展示学生课堂创作的作品

【设计意图】一般文化课教学后，课后教师会布置练习任务，检测学生所学，或让学生在练习中巩固所学知识。美术教学则不同，美术课的课后提升阶段主要是通过展示学生的学习成果，与学生深入交流从而促进学生美术水平的提高。很多时候，在学生完成课堂作品后，因为时间关系，教师只能随机选择几位学生的作品进行点评，没有兼顾到全班学生。而通过优学派的班级空间，就可以很好地解决这个问题。所以课后，我会进一步在班级空间中展示学生作品，及时对学生作品情况进行反馈，引导学生进行线上交流，学生将从中获得很大进步。长期下去，他们对教师的每一次作品展评都充满了期待，会更加认真地对待每一次美术作业，希望自己的作品能在展示中获得师生的好评。这样，学生们在美术课堂上就会变得更加主动，收获到更多的知识。

三、总结

翻转课堂教学模式有利于培养学生自主学习意识，提高自主探究能力，促进学生的可持续发展，有助于学生学习兴趣的培养，养成自主学习的习惯。教师要转变观念，与时俱进，加强学习，努力提升自己的现代化教学水平。在教学中放手让学生自主学习，放心让学生通过自己的努力学习新知识并解决问题。将自己“传道授业者”的身份彻底转变为“自主学习过程中的指导者”的身份。在初中美术课程教学中应用翻转课堂教学模式，加速美术教学的改革，大大提升了美术教学的质量，值得我们每位初中美术教师学习和实践。

参考文献

1. 尹达．对“翻转课堂”的再认识 [J]. 当代教育与文化，2014，6 (02)：64－67.

2. 赵骏，寇晓娣，尹飞，琚辉，张师愚，刘睿．国内外翻转课堂教学模式的启示 [J]. 天津中医药大学学报，2015，34 (05)：296－300.

基于优学派的小学地方课程教学实践研究

——以《江南民故居》为例

浙江省浦江县龙峰国际学校　吴晓东

【摘要】在信息化时代的今天，“互联网+教育”的发展对地方课程的建设与实施起到了巨大的推动作用。本文以小学地方课程为研究对象，在分析小学地方课程特点的基础上，进一步以案例为支撑，说明基于优学派的小学地方课程教学实践，并在实践的基础上提炼出基于优学派的小学地方课程教学实践策略。希望让技术服务于地方课程教学，让学生爱上地方课，了解并热爱自己的家乡，主动传播地方传统文化。

【关键词】互联网+教育　小学地方课程　优学派

信息技术在教学中的应用已逐步成为一种趋势，在这样的背景下，浙江省浦江县龙峰国际学校引入信息技术教学设备——优学派，鼓励各学科教师积极开展教学实践，探索基于优学派的课堂教学模式。在实践中，笔者发现优学派使教学决策数据化、评价反馈即时化、交流互动立体化、资源推送智能化，让一些“冷门”课程焕发新的生机，其中受影响较大的就是地方课程。

一、小学地方课程的特点

我国基础教育地方课程建设历经了孕育、迷茫、雏形、成型到成熟等阶段，已成为基础教育课程体系中重要的组成部分，与国家课程、校本课程相辅相成。在发展与实践中，地方课程形成了其独特的性质。

首先，从目标来看，地方课程旨在让学生了解并主动传承地方文化，培养学生对自己家乡的热爱之情。

其次，从内容来看，地方课程不同于一般的学科课程，它服务于地方，教材内容主要体现地方的风土人情，是地方文化传递的重要载体。

最后，从教学方式来看，地方课程教学是一个教师引导、学生探究的过程，教学时，教师会引导学生去了解地方文化、物产等知识，学生的学习活动不一定发生在课堂上。当学生在合作探究的过程中产生疑惑和困难时，教师会进行适当的指导，让学生进行讨论与辨析，从而逐步获得深刻的理解。

二、基于优学派的小学地方课程教学实践

笔者将优学派融入地方课程教学，不是为了在教学中“炫技”，而是要让优学派这种先进的信息技术为地方课程教学服务，让地方课程的学习活动更容易开展，让地方课程的教学目标更易达成。经过研究，笔者总结出一套基于优学派的小学地方课程教学模式（如图1所示）。

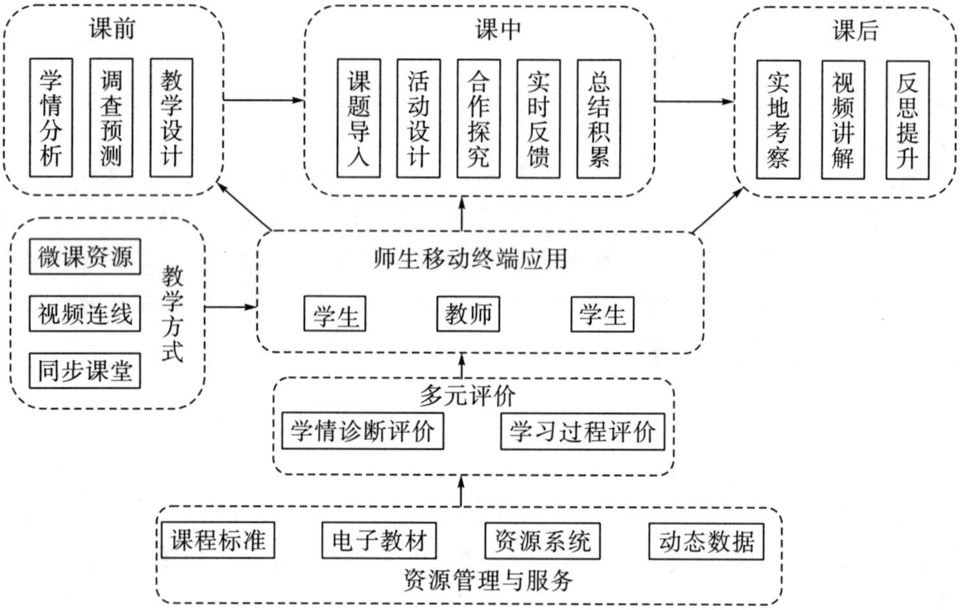

图1　基于优学派的小学地方课程教学模式

这个模式包含课前、课中和课后三个阶段，课前包括学情分析、调查预测和教学设计，课中包括课题导入、活动设计、合作探究、实时反馈和总结积累，课后包括实地考察、视频讲解和反思提升。在整个过程中，优学派起到了十分重要的作用，既提供了丰富的资源，又拓展了教与学形式，让教学更具有趣味性。以四年级《人·自然·社会》第15课《江南古民居》为例，笔者基于此模式进行了教学设计（见表1）。

表1　《江南古民居》教学设计

教学环节	教师活动	学生活动	优学派的支持
课前	①发布调查单（你所知道的古民居） ②根据调查单，了解学情，修改教学设计	①观看微课，了解什么是古民居 ②完成调查单	通过优学派发布微课和调查单；利用平台统计功能了解学生情况

续表1

教学环节		教师活动	学生活动	优学派的支持
课中	课题导入	①调出学生的课前预习作业，引出本课话题，导入新课 ②通过“火眼金睛”活动，找寻书本中古民居的共同点	①小组合作，探究古民居的共同特点，并说一说作用 ②小组派代表分享组内合作过程和想法	教师利用图文等方式引导学生开展合作，寻龙点睛；利用优学派，随机抽取小组代表进行分享
	活动设计			
	合作探究	自主选择县内的一处古民居，进行合作探究。除了书本中提到的特点之外，还有没有哪些独特之处	在线选择寻找并观看资源，小组讨论，学生代表在班级展示讲解（牛腿、四水归堂、天财地财造型、马头墙等）	利用优学派，发送微课、图文资料；利用课堂互动工具进行抢答、小组 PK、弹幕讨论等互动
	总结积累	组织学生共同总结江南地区古民居的特点	学生分析、归纳、总结知识内容	教师借助视频连线方式，帮助学生了解更多背后文化
课后	实地考察	走访县内的一处古民居，感受古民居的风貌	认真反思，学生完成作业并及时提交	通过优学派的手机客户端，随时随地检查学生作业，并进行反馈
	视频讲解	录制讲解微课，针对性地推送给学生	学生通过实地走访，自主拍视频，进行古民居的介绍	利用优学派将视频发送给学生
	反思提升	查看学生发布在平台上的感受与疑问，并及时解答	学生查看自己的作业批改情况，总结反思	在优学派的班级空间进行交流讨论

三、基于优学派的小学地方课程教学实践策略

（一）借助优学派，丰富教学素材

在以往的教学中，教师主要依托教材进行教学，容易“就教材论教学”。借助优学派，教师可以对教材内容进行取舍，有选择性地进行教学，并补充网络资源辅助教学，促进学生的深度学习与思考。

以《江南古民居》一课为例，教材上只是提到了几个有代表性的江南水乡，并解释了它们的特点，而这些建筑背后的文化却丝毫没有提及。若学生学完后，只知其形不知其意，又如何产生热爱家乡的感情呢？甚至有一部分学生认为，东西旧了，该拆就拆，为什么要花那么多的功夫去保护呢？江南古民居建筑特色多，包含的文化也多。如果教师一一进行讲解，时间不允许，学生也不一定爱听。

借助优学派，笔者将古民居的建筑特色进行分类，并以微课、图文资料的形式发送给学生，让学生选择其最感兴趣的建筑特色进行学习。微课详细介绍了这些建筑所蕴含的文化特色，学生看完后，完成调查单，并用优学派拍照上传。课堂教学时，笔者再请学生代表进行分享汇报。

其中，教材提到了“四水归堂”的建筑布局，如果学生没有亲眼见到，还真的难以

理解。所以教师在学生分享时出示了“天井”照片，结合照片，其余学生更能理解这位学生对“四水归堂”的解读。在分享与聆听中，学生进一步明白“天井”排水、采光的作用，感受雨水从四周的屋檐流下，汇聚到天井中形成“四水归堂”的布局形态，感受这种天人合一的理学思想。

（二）借助优学派，捕捉动态的数据与资源

地方课程注重学生的合作探究，注重让学生在自主思考与小组合作中感悟教学内容，学生探究得越深，生成的数据与资源也就越多。但课堂中很多教师怕学生的“生成”，因为没有准备，面对学生偶尔冒出的想法，教师只会觉得打乱了教学的节奏。笔者认为课堂之所以精彩，在于思维的发散。在课堂活动中，教师要善于捕捉生成的亮点，激发学生的思维。教师及时挖掘与利用这些数据与资源，才能真正做到顺学而教。

在试教《江南古民居》这一课时，笔者曾经让学生进行古民居的导游解说，让学生在小组合作中进行，可到最后往往就是几个好学生在那唱“独角戏”，其余学生都是看客。第二次试教时，笔者利用优学派，让每位学生做旅游路线图，确保每位学生都参与到活动之中，学生做好旅游路线图后，再通过优学派进行多图对比展示，即时呈现学生生成的资源。接着笔者利用优学派的投票功能，让学生选出最合适的路线图，学生可以看到动态的投票数据，看到哪位学生的路线图最受欢迎。基于学生的选择，笔者再请这位学生来进行导游解说，其余学生听得都很认真，避免了以往小组合作中“先混乱，后沉默”的解说情况。

（三）依托优学派，拓展教学方式

基于优学派的小学地方课程教学突破时空限制，使学习不再局限于课堂之上，也使教学的方式产生新的变化。

例如，在《江南古民居》这一课中，笔者在组织学生总结江南地区古民居的特点这一环节中，采用视频连线方式，采访了相关专家，帮助学生进一步了解了古民居背后的文化。

此外，疫情时教师们纷纷化身主播进行直播教学，学生可以通过网络进行学习，向教师请教所遇到的疑惑和问题，也可以在网上与班级学生进行讨论与交流，使学习的地点更加的多样化。例如，学习《家乡物产》这一课时，刚好遇上清明节，笔者请学生现场学习清明果等小食品的做法，家中长辈可以在线为学生讲解清明果的制作方法，也可以介绍不同地方的乡土人情，学生在这样的氛围下，更加了解自己的家乡，也更加热爱自己的家乡。

四、结语

总而言之，学校如果存在地方课程，我们就要扎扎实实地去研究、去实践。在开发利用课程资源中，我们要不断跟踪和预测社会发展，为学生选择符合社会发展需要的教学内容。将优学派融入地方课程，相信必会让每一个学生都爱上地方课程。

参考文献

［1］殷世东，王笑地．我国地方课程建设的历程、经验与反思［J］．课程．教材．教法，2020，40（01）：24－30．

［2］杜燕燕．如何在网络环境下开展小学英语教学［A］．北京中外软信息技术研究院．第四届世纪之星创新教育论坛论文集［C］．北京中外软信息技术研究院，2016：1．

数据赋能，创新教与学

基于数据的精准教学

——以北师大版小学数学《乘法分配律》为例

优学智慧教育研究院

移动互联网、大数据、云计算的逐渐普及颠覆了传统的知识承载与传播手段，持续拓展着教育、教学的宽度与深度，为精准教学的发展提供了机遇。其中，数据的利用与分析是开展精准教学的前提，基于对精准教学的理解，研究以北师大版小学数学四年级上册《乘法分配律》为例，进一步分析如何利用优学派，开展以数据为支撑的精准教学研究，希望为教师开展基于优学派的数学教学活动提供参考。

一、检测与分析，确定教学目标

奥苏伯尔曾说："影响学习唯一重要的因素就是学生已经知道了什么，要探明这一点，并应据此进行教学。"

此次教学为公开展示课，教师并未提前接触该校学生，只知道学生刚进入四年级。那能不能直接开展第四单元的教学活动呢？如果要开展教学，学生的知识经验、能力水平和学习基础的起点是什么？如何基于班级学情确定教学目标？

在这种特殊情况下，信息技术对教学的开展起到了很大的帮助。在教学之前，教师对该校四年级（4）班进行了课前检测，利用优学派的互动题板，发送教材上"贴瓷砖"的主题情境图，要求学生列算式回答"一共贴了多少块瓷砖？"（如图1所示）。

图1　利用优学派，发送课前检测任务

根据数据反馈结果，该班45名学生，其中15人能正确列算式，29人出错，1人未提交。约64.44%的学生出错，是否意味着这个班级学习整体情况不容乐观，不适合继续展开教学呢？

并不是，对错误情况进一步分析后可以发现，出错的29人中，有22人只将蓝色部分看作瓷砖，未计算白色部分；有1人只计算了右边的瓷砖；真正不会做的只有6人，只需适当引导学生看图、审题，这部分学生就能正确列式（如图2所示）。

回答正确的15人中，6名学生能按照左右的顺序列算式，5名学生可按照上下的顺序列算式，4名学生能够写出综合算式。可见，如果在这个班开展教学，并不会出现一般教学中教师预设学生写不出四种算式的情况（如图3所示）。

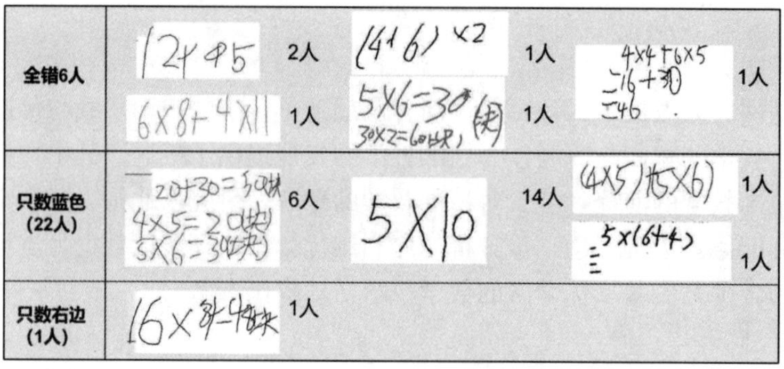

图2　学生完成前测任务的错误答案

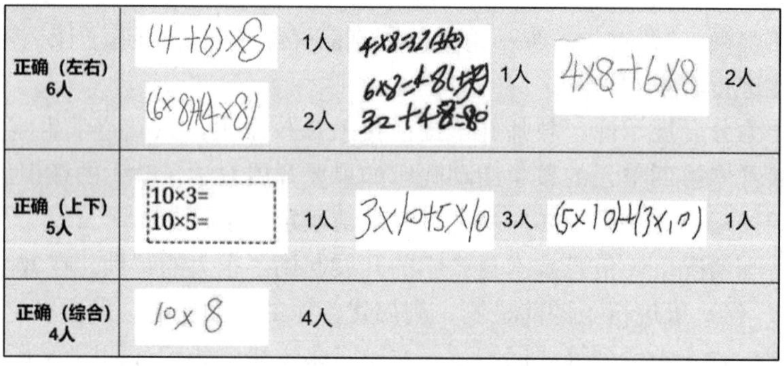

图3　学生完成前测任务的正确答案

基于对课前检测数据的分析，教师进行二次备课，得出环节目标：①回顾情境，观察前测作品，通过对比、纠错、归纳，知道主题情境图中“一共贴了有多少块瓷砖？”包含4种算式。②对4种算式进行分类，在对比与辨析中理解“乘法分配律中等号两边算式的分与合”。③观察乘法分配律的形式与特点，通过举例补充、辨析、概括，理解可以用字母表示乘法分配律。④结合算式$4\times9+6\times9=(4+6)\times9$的特点，通过举例、论证，进一步用乘法的意义来解释乘法分配律。

二、对比与纠错，归纳4种算式

课前检测数据除了可以帮助教师调整教学目标外，在课堂上还有什么用呢？课堂伊始，教师先与学生互动，利用优学派的聚光灯功能，让学生关注主题情境图，并询问学生“题上说了一件什么事?”“这道题难不难?”学生觉得不难，可是有一半以上的学生居然做错了，什么原因呢？怎么出错的？在回顾课前检测任务与质疑检测结果的过程中，使学生对题目产生认知冲突，从而引入课堂教学主题。

接着，教师选出 4 幅学生作品（如图 4 所示），提出问题“你能读懂他的想法吗?”让学生在对比与纠错中，理解列出算式所表达的意思。其中，第一个算式是 $4\times8+6\times8$，表示左边和右边合起来一共有多少块瓷砖；第二个算式 $3\times10+5\times10$，表示上面和下面合起来一共有多少块瓷砖。教师稍微提示，学生就能得出结论。

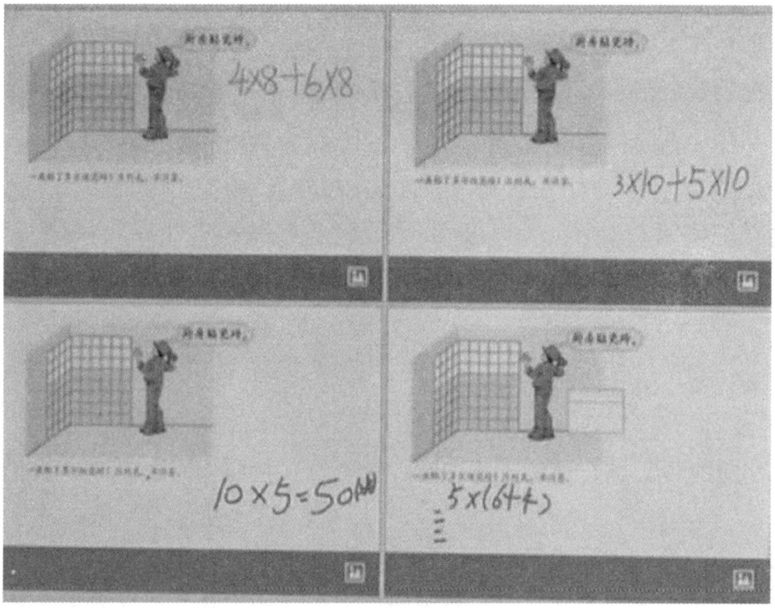

图 4　学生课前检测产生的作品

第三个与第四个是错误的算式，学生是怎么出错的？能不能基于这两组数据列出正确的算式呢？

教师：那你觉得第三个同学出什么问题了？这位同学来了吗？你告诉我你是怎么想的？

学生 1：上面没贴。

教师：哦，原来他觉得上面部分是没贴的，其实昨天有 20 多位同学都认为蓝色的才是瓷砖。因此，这部分同学出了错，他们是小傻蛋吗？不是，是没把题目看明白。其实要数出多少瓷砖，用算式表示多少块瓷砖，他们有没有问题？

学生：没问题。

教师：那好，现在如果要改，要怎么改？我们就在这个基础上改，怎么改？改成 5×10?

学生：不对，一样的。

教师：再加 3×10，变成第二种？但是我们不要变成和第二种一样的，怎么改？

学生 1：$(3+5)\times10$。

教师：$(3+5)\times10$，可以吗？

学生：可以。

教师：这个对了，那最后这个呢？

学生：错了。

教师：先看，他算（6+4）有没有问题？

学生：没问题。

教师：（6+4）说的是啥？

学生：左边的和右边的加起来。

教师：左边的和右边的加起来，这是？

学生：一行的。

教师：他把什么数错了？

学生：把列数数错了。

教师：其实他又是只算了？

学生：只算了下面的。

教师：应该算？

学生：全部。

教师：那是多少？

学生：8。

教师：所以这个算式改成？

学生：8 ×（6 + 4）。

教师：也就是说，结合情境进行理解，这个算式按照左右、上下，我们可以写出 4 个算式。

通过第一个和第二个算式，学生明白计算瓷砖一共有多少，可以上下观察和左右观察。接着看第三个和第四个算式时，就很容易说出这两个算式错在哪里。教师在错题的基础上，根据学生的回答，用优学派的画笔功能直接补全算式，得出贴瓷砖一共有多少块可列出 4 种算式（如图 5 所示）。

图 5　用画笔修改错误的算式

三、分类与辨析，把握算式特点

这四组算式有什么特点？在学生眼中，哪两个算式关系应该分为一类呢？于是，教师要求学生通过连线、画圈的方式，用优学派将自己认为是一组的两个算式表示出来。学生操作优学派时，教师随机对两名学生的操作进行投屏，以便时时了解学生的想法。时间差不多时，再查看学生完成进度，确保大多数学生都已提交。

进一步查看学生答案，他们的分类分为 2 种：将第一个和第四个分为一类，第一个和第二个算式分为一类（如图 6 所示）。学生的分类标准是什么呢？

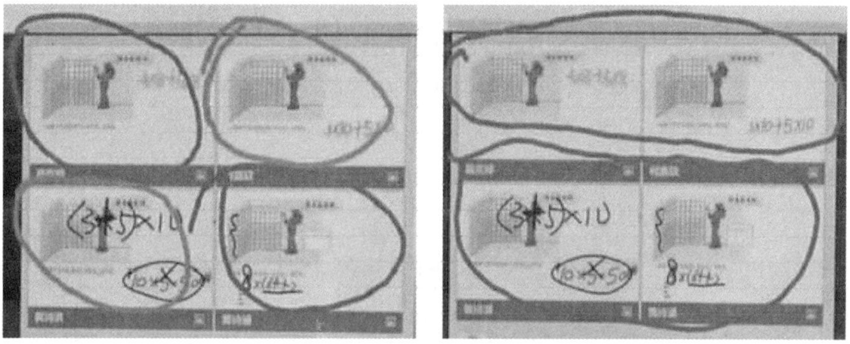

图 6　四种算式的两种分类方式

教师：他把图 1 和图 4 分为一类，把图 2 和图 3 分为一类，还有这样分的同学请举手。

教师：好了，我看看，为什么这样分呢？

学生 1：4×8+6×8，8×(6+4)，它们两个都有 8、6 和 4。

教师：好，他说这两组算式里面都有 8、6 和 4，他找到两组算式中数的特点，同样，另外两组都有 3、5、10，所以分一组，是这个意思吗？

学生：是。

教师：还有别的分法吗？我们再点几个，终于找到不一样的了，这是怎样分的啊？这两个有什么共同点啊？

学生 2：他把上面两个圈起来，因为上边两个是对的，下面两个做错了。

教师：是这样的，没错，还有不同的看法吗？

学生 3：因为上面是分开来算，下面是把这些瓷砖一起算。

教师：你们听清楚他的想法了吗？

学生：没有。

教师：你再说一遍，好不好？

学生 3：上面两个是分开算，下面两个是合在一起算。

教师：这两个算式 4×8+6×8，3×10+5×10 是分开算，而 (4+6)×8，(3+5)×10 是合在一起算的，他们之间能不能划等号？

学生：可以。

教师：没算怎么知道能不能划等号？为什么不计算就知道它们是相等的？我们在解决什么问题啊？

学生：一共有多少块的问题。

教师：这里的每个算式都没错，不管怎么算，都是在算一共有多少块瓷砖。

有学生关注到算式中数字的特点；有学生关注到算式形式上分与合的特点，不用计算，也可以在分开算与合起来算的算式中间划等号，因为它们都是在计算瓷砖一共有多少块。

四、补充与概括，探索发现规律

学生理解四个算式的特点后，能不能按照这样的形式，继续写出更多的算式呢？于是，教师提出问题“像这样分开算、合起来算都相等的算式，还有吗？能不能自己写一写？”先请一部分学生上台写，然后让下面的学生在本子上写，看 1 分钟内能够写多少个？写完后，用优学派拍照上传。学生乐于接受挑战，写了很多算式（如图 7 所示）。教师一边查看，一边点赞表扬。

图 7　学生用优学派拍照上传所写算式

连续看了几位学生的算式后，继续追问这样的算式写不写得完？这些算式有什么样的特点？

教师：你们说这样的算式还有吗？

学生：还有。

教师：写得完吗？

学生：写不完。

教师：那什么样的算式就可以像这样，又可以分，又可以合？你们能够写这么多，还写不完，它有什么特点？好好想想，同桌说一说。

教师：这样，我们来准备抢答，看屏幕。

学生：其中一个乘数都相同。

教师：就是在这个里面，要有一个乘数是相同的，比如这里的 8，这里的 10。这样的两个乘法算式相加，就可以合起来算，是这个意思吗？

学生：是。

教师：这样的算式写得完吗？

学生：写不完。

教师：我说写得完，看谁能看懂（如图 8 所示）？

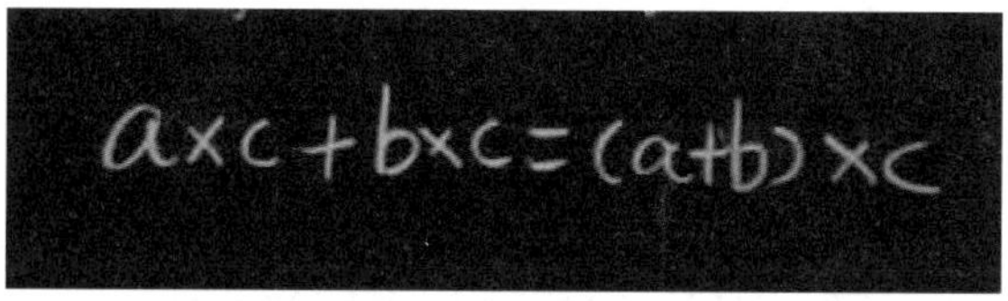

图 8　教师板书用字母表示乘法分配律

学生能继续补充算式，找到这些算式的共同特点——其中一个乘数都相同，但学生没有用字母表示乘法分配律的意识。于是教师换了一种启发方式，先说出 a×c+b×c=(a+b)×c，再追问学生，你能看得懂吗？引导学生进一步理解，这样的算式有很多，写不完，但可以直接用字母来表示，这就是我们今天学习的乘法分配律。

五、举例与论证，体会意义

学生在回顾前测任务的过程中，知道可以列出 4 种算式计算瓷砖一共有多少块，接着对 4 种算式进行分类，理解分开算、合起来算的两类算式中间可以划等号，然后再照样子举例补充形式相同的算式，从而发现乘法分配律在形式上的规律。反过来，为什么这样分开算、合起来算的算式一定相等？如何基于乘法的意义来理解乘法分配律？教师以 4×9+6×9 为例，与学生展开交流。

教师：刚才我们说这个样子的可以这样算，我们发现了它们形式的特点来得到了这个规律，我们怎么证明具有这样特点的就一定相等呢？

教师：怎么证明？我写一个 4×9+6×9，你们用它来解释，我们以前算这个算式的时候，怎么做的？

学生：先算 4×9，再算 6×9。

教师：然后呢？

学生：再加起来。

教师：现在还可以怎么做？

学生：(4+6)×9。

教师：我能打等号吗？

学生：可以。

教师：现在你来解释一下，为什么这个样子的就可以写成这个样子的？

教师：分开算的是什么？这是什么？

学生：4×9。

教师：几个？

学生：4 个 9，6 个 9，合在一起就是 10 个 9。

教师：这里呢？

学生：10 个 9。

教师：10 个 9 和 10 个 9，肯定相等嘛，我们算来算去变没变？

学生：没变，分开算是 4 个 9 和 6 个 9，合起来是？

学生：10 个 9。

教师：这样解释，我要不要把所有算式写出来证明？

学生：不用。

在对话过程中，学生知道原来算来算去，数学本质是没有变的。接着，教师让学生再看黑板上写的算式，让他们继续说一说，分开算时算的是几个几加几个几，合起来算时算的是一共有几个几。

六、总结回顾

教师引导学生回顾与思考整节课的学习内容。一起回顾情境、回顾乘法分配律的形式特点，理解乘法分配律意义（如图 9 所示）。分配律是规律，乘法是本质，我们从乘法的意义解释并论证了这个规律是成立的，至于这个规律拿来有什么用？什么时候分开算的要合起来算？什么时候合起来算的要分开算？这就是之后需要继续深入探究的问题。

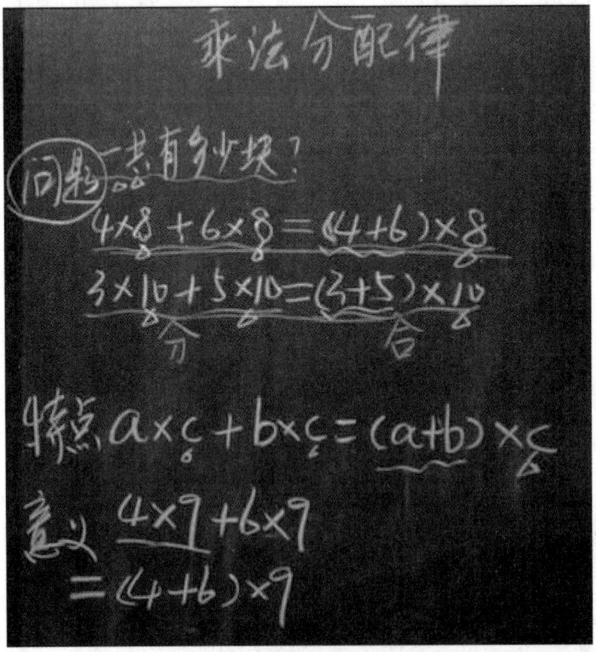

图 9　教师与学生回顾内容、形成板书

参考文献

1. 姬晓灿，成积春，张雨强. 技术时代精准教学探究 [J]. 电化教育研究，2020，41 (09)：102—107.

2. 付达杰，唐琳. 基于大数据的精准教学模式探究 [J]. 现代教育技术，2017，27 (07)：12—18.

借智慧平台，启学生之智

——《稍复杂的方程》教学实录

山东省聊城市冠县外国语学校小学部　白冉冉

本节课选自青岛版小学数学五年级上册第四单元第 5 个信息窗（如图 1 所示）。本课教学是以山东省聊城市冠县外国语学校小学部的教学模式为指导，在优学派平台的支持下开展的课堂教学，教学过程体现了“先学后教、以学定教、顺学而教”的教学理念：课前，教师先让学生通过优学派平台中的资源开展自主学习，然后完成教师布置的课前测题目。通过分析课前测反馈情况，教师进行了二次备课：重新调整确定教学目标、设计教学环节和教学活动。

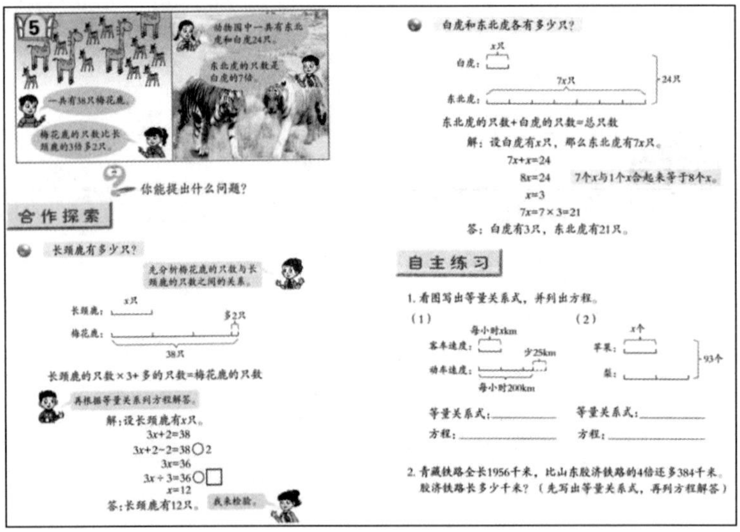
5

一共有38只梅花鹿。

梅花鹿的只数比长颈鹿的3倍多2只。

动物园中一共有东北虎和白虎24只。

东北虎的只数是白虎的7倍。

你能提出什么问题？

合作探索

长颈鹿有多少只？

先分析梅花鹿的只数与长颈鹿的只数之间的关系。

长颈鹿：x只

梅花鹿：多2只　38只

长颈鹿的只数×3+多的只数=梅花鹿的只数

再根据等量关系列方程解答。

解：设长颈鹿有x只。

$3x+2=38$

$3x+2-2=38$○2

$3x=36$

$3x\div3=36$○□

$x=12$

答：长颈鹿有12只。

我来检验。

白虎和东北虎各有多少只？

白虎：x只

东北虎：$7x$只

24只

东北虎的只数+白虎的只数=总只数

解：设白虎有x只，那么东北虎有$7x$只。

$7x+x=24$

$8x=24$　　7个x与1个x合起来等于8个x。

$x=3$

$7x=7\times3=21$

答：白虎有3只，东北虎有21只。

自主练习

1. 看图写出等量关系式，并列出方程。

（1）

客车速度：每小时$x$km

动车速度：少25km　每小时200km

等量关系式：______

方程：______

（2）

苹果：x个

梨：

93个

等量关系式：______

方程：______

2. 青藏铁路全长1956千米，比山东胶济铁路的4倍还多384千米。胶济铁路长多少千米？（先写出等量关系式，再列方程解答）

图 1　本课学习内容

一、“前学前测”助力二次备课

课前教师通过优学派“课前导学”板块给学生布置了两道问答题（如图 2、图 3 所示），要求学生完成后拍照上传（如图 4 所示）。

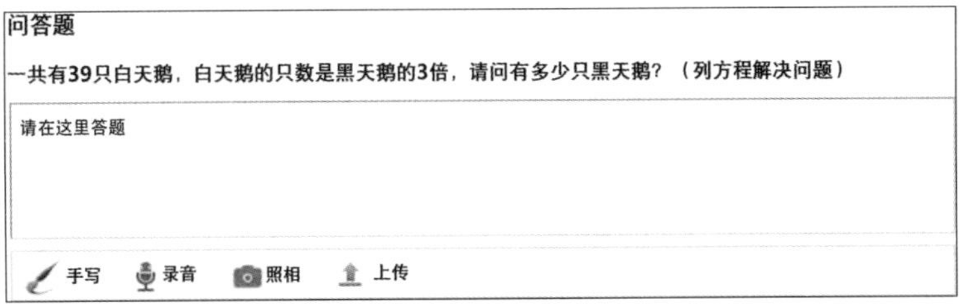

图 2　课前测一

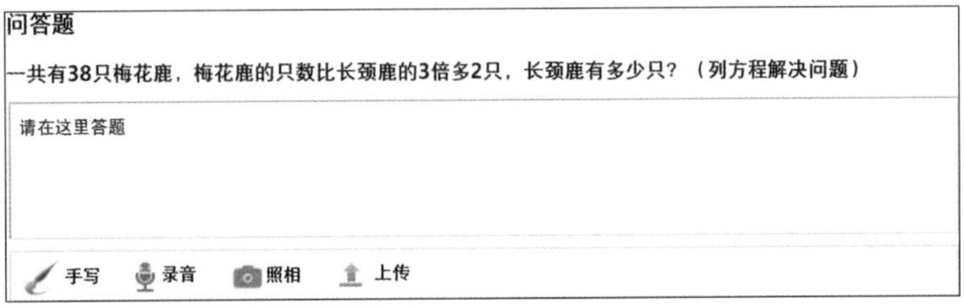

图 3　课前测二

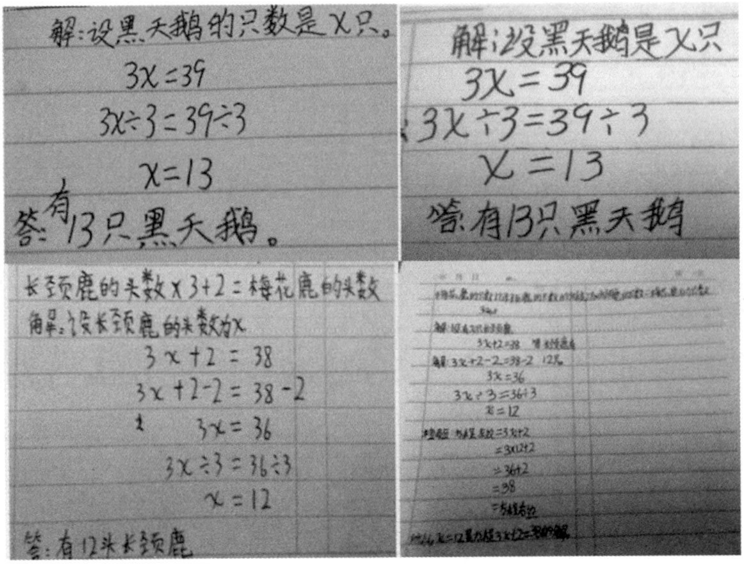

图 4　部分学生的前测答案

【设计意图】前测第一题是上一个信息窗的内容，一方面是对上节课内容的检测，另一方面是对本节课内容的一个过渡。先考察未知量的几倍如何列方程，进而上升到本节课的知识——未知量的几倍多几只该如何列方程，考查学生通过自主学习对本节课知识的理解程度。

通过分析学生前测完成的情况，教师发现：学生第一题完成得较好，说明对上一个信息窗的内容掌握较好，为本节课的学习奠定了基础；第二题大部分学生都完成得比较好，但解题过程中出现了一些问题，如解设未知量不标准、等量关系式表达不清、稍复杂的方程不能准确求出解等。

针对前测中出现的问题，教师重新调整了学习目标：①掌握列方程解决实际问题的步骤，能根据题中的等量关系式列方程解决稍复杂的实际问题；②利用等式的性质掌握形如 ax+b=c 这类方程的解法；③学会用画线段图的方式来帮助理解题目中的数量关系并列出方程。

二、“前测反馈”助力以学定教

课中第一环节，教师出示前测题目的情境图，请学生回顾课前测题目。接着展示学生作答情况，同时随机抽取几名学生的作业（如图 5 所示），通过对比引导学生发现有些同学没写等量关系式。

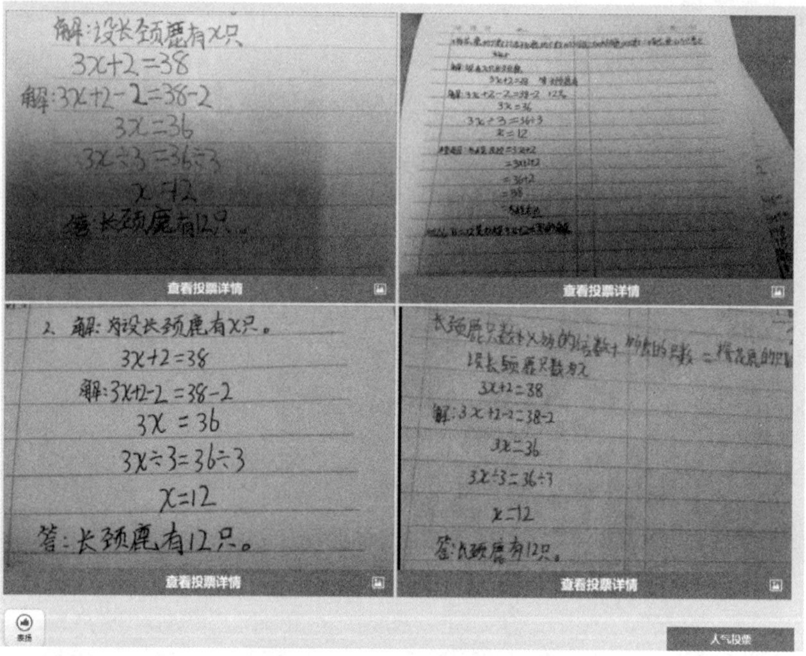

图 5　随机对比学生作业

师：用方程解决问题时，需要先做什么？

生（抢答）：需要根据题意找出等量关系式。

教师随机抽取一名学生来说一说本题的等量关系式。

生：梅花鹿的只数比长颈鹿的 3 倍多 2 只，得出等量关系式为：长颈鹿的只数×3+多的只数=梅花鹿的只数。

在以上师生问答过程中，教师发现学生对于等量关系式的理解还不是很到位，随即利用课件展示线段图进行补充讲解（如图 6 所示），帮助学生理解：当题目比较复杂时，可以通过画线段图的方式来理解题目中的数量关系，从而写出等量关系式。

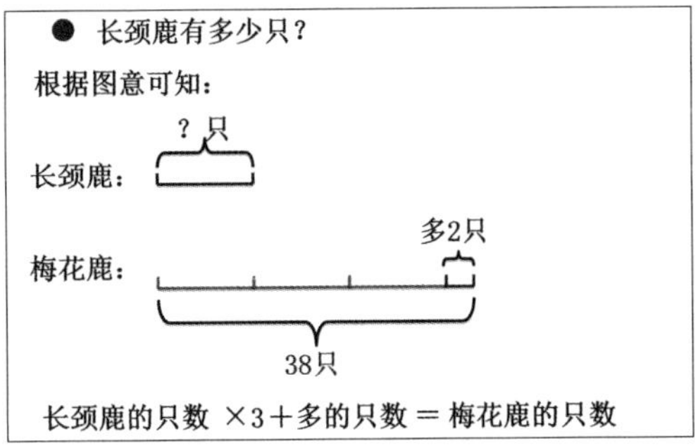

图 6　课件展示线段图

【设计意图】课前，教师已经通过分析学生前测作业的完成情况，了解了学生自主学习后存在的问题。因此，课堂第一环节便是帮助学生解决这些问题。如何解决？如果还是像以往一样，教师直接点出来进行讲解，效果不言而喻。教师调出学生的作业引导大家通过对比自行发现问题、提出问题，学生从原来的“倾听者”变成了问题的“提出者、解决者”，学习兴趣骤然被激发出来。对于师生交流过程中出现的问题，教师立即给出反馈、引导解决，为继续学习奠定基础。

三、学生主体，顺学而教

找出等量关系式之后，教师随机找出一名前测试题做正确的学生上台讲解其做题思路，并调出该学生的作业（如图 7 所示）。

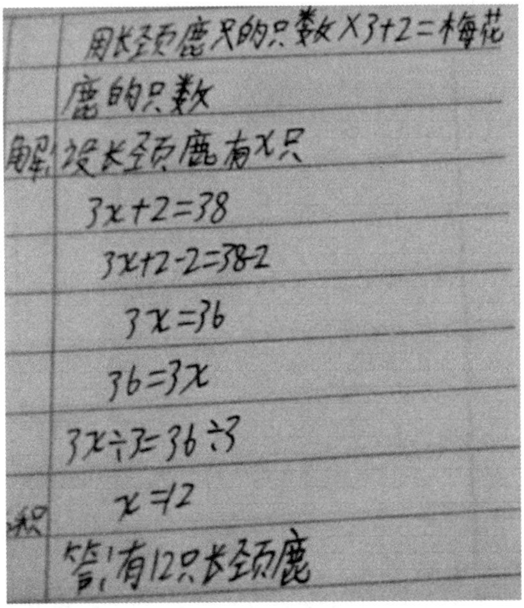

图 7　做正确的某学生作业

生：本题的等量关系式为：长颈鹿的只数×3+多的只数=梅花鹿的只数，在等量关系式中，长颈鹿的只数是未知量，列方程解决问题先把未知量设为 x，第一步先写：

“解：设长颈鹿有 x 只。”然后根据等量关系式列出方程：3x+2=38。

教师及时表扬上台讲解的学生并把内容板书到黑板上，请学生进一步观察思考。

师：这个方程与昨天学习的方程 3x=39 和 x+9=25 有什么不同？

生：之前学过的方程只有一个运算符号，今天的方程有两个运算符号，也就是两步运算。

师：像这样稍微复杂的方程应该如何解呢？

学生们表现得很积极，于是教师“随机抽取”一名同学上台讲解方程 3x+2=38 的解题过程（如图 8 所示）。学生演示解题过程时，教师不断激发其他学生的提问意识，进一步强化解稍复杂的方程的步骤和注意事项。

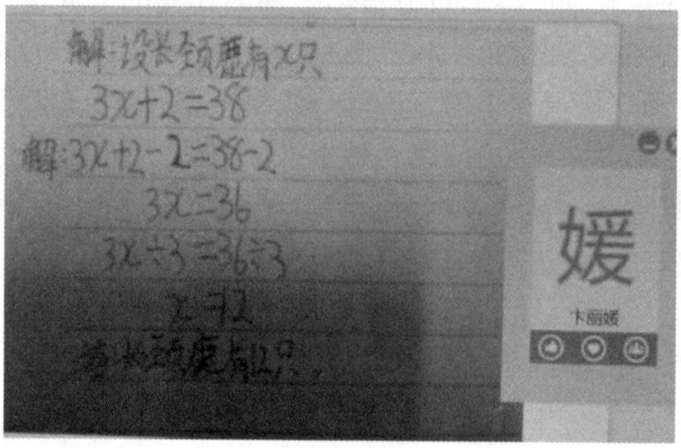

图 8　学生讲解做题思路

生：第一步在等式两边同时减 2，得出 3x+2−2=38−2。

师：对这一步操作你想说什么？

生 1：为什么要这么写？这样写的依据是什么？

生：依据是等式的性质（一），等式的两边同时减 2，等式仍然成立。写这一步是为了使方程左边变成 3x，方便下一步计算。

师：还有疑问吗？

学生均表示没有问题后，台上的学生继续讲解。

生：等式两边同时减 2 之后变成 3x=36，再根据等式的性质（二），等式两边同时除以 3，即：3x÷3=36÷3，从而得出 x=12。

师：你看明白了吗？

生 2：为什么等式两边要先同时减 2？能不能先同时除以 3？

生：等式两边同时减 2，可以使等式左边变成 3x，而 3x=36 就是我们之前学习过的一步计算的方程；如果先同时除以 3，等式左边会变得更复杂，对于求出方程的解没有帮助。

【设计意图】学生在学习本信息窗之前有一定的列方程解决问题和解方程的基础，本节课只是比之前学习的稍复杂一些，大部分学生可以根据之前知识的学习，迁移出本节课的内容。因此，本节课中教师把大部分时间交给学生，由学生当老师来讲解“解稍复杂的方程”的思路，为了强化解题思路，教师不断引发台下学生提问，全班参与讨论，夯实解题思路。这一过程充分发挥了学生的主体作用。

学生讲解完毕，教师带领学生回顾解方程的过程并做好板书（如图 9 所示）。

$3x+2=38$

$3x+2-2=38-2$…　　等式的性质（一）

$3x=36$

$3x\div3=36\div3$…　　等式的性质（二）

$x=12$

图 9　教师板书

师：方程解完，如何知道自己做的是否正确？

生：需验算。

通过“抢答”，找学生来口述验算过程，课件展示（如图 10 所示）。

● 长颈鹿有多少只？

检验：　方程左边$=3x+2$

$=3\times12+2$

$=36+2$

$=38$

=方程右边

答：长颈鹿有12只。

图 10　课件展示验算过程

最后，教师提醒学生检验之后要写上答语。到此时，例题讲解完毕。

师：对于本节课学习的稍复杂的列方程解决问题，具体解决思路是什么呢？

给学生 1 分钟的时间思考后，随机抽取一名学生进行汇报。

生：第一步，认真分析题意，找出等量关系式；第二步，根据等量关系式，设未知量为 x，并列出方程；第三步，根据等式的性质，分步求出方程的解；第四步，检验并写答语。

师：你还有补充吗？

生 1：列方程解决问题时不写单位，必须对方程的解进行检验。

生 2：等量关系式可能不止一个，根据已知量和未知量找出最适合的一个。

【设计意图】学生分步骤讲解完例题后，有些学生还未形成整体思路。于是，带领学生总体回顾并板书重点这一步骤显得尤其重要，目的在于让学生从整体上把握解题步骤；随机抽取是抽样调查的一种形式，基于抽取到的样本情况，教师大概能知晓全班学生的理解情况，这是检测学生学习效果的一个有效手段。

四、课中检测，及时堂清

经过一堂课的学习，学生对本堂课的学习内容掌握得如何？一般在课堂的最后一环节，教师都会发送一组涵盖本节课所有知识点的试题，以及时检测学习效果。

本堂课新授内容结束后，教师首先给学生推送了两道较简单的客观题，目的在于考查学生是否能够理解题意并列出方程。从优学派平台的统计结果来看，这两题完成效果较好，说明学生掌握得较好（如图 11、图 12 所示）。对于少部分出错的学生，教师先让其说一说自己的理解，并随机抽取一名完全正确的学生讲解思路，通过生生互动交流，解决少部分学生的问题。

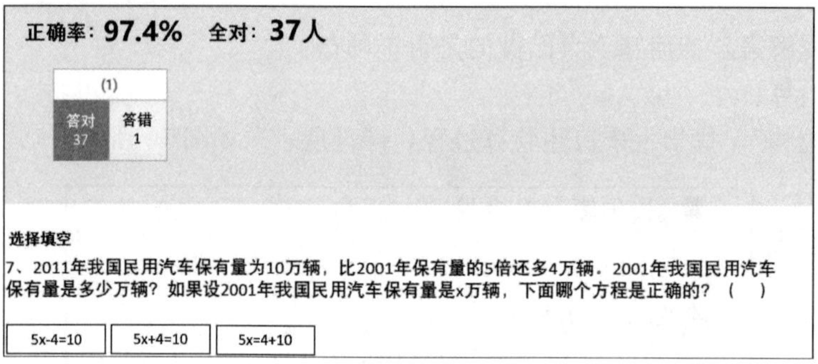

图 11　第一题的完成情况

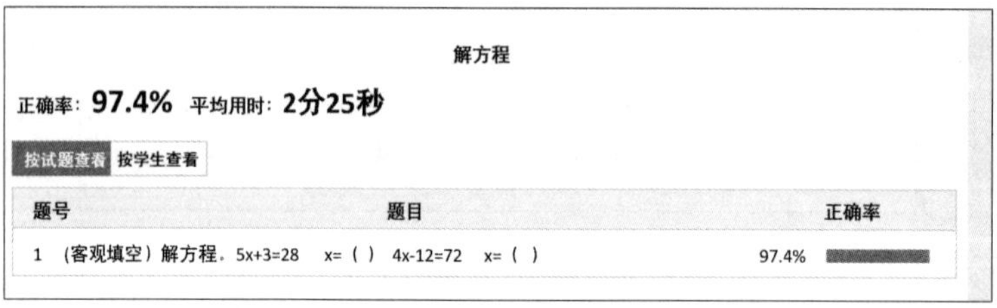

图 12　第二题的完成情况

紧接着，教师给学生推送了一道问答题，学生通过拍照上传的方式提交答案（如图 13 所示）。教师采用随机对比的方式选取多名学生的答案进行对比展示，并请学生讲解做题过程，其他学生质疑、补充、完善。

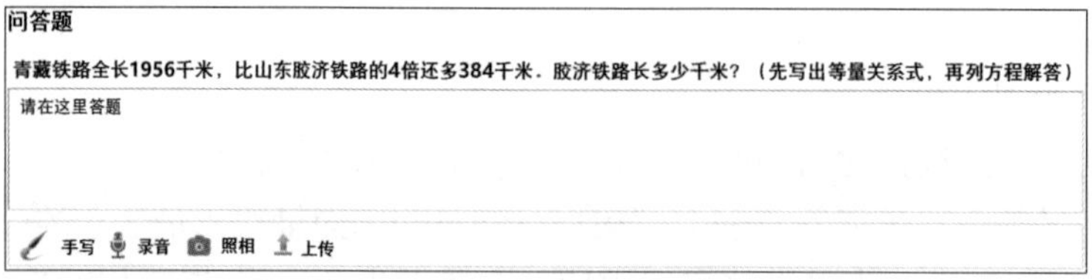

图 13　课堂检测第三题

【设计意图】课堂内容结束后，需要当堂对学生进行检测。教师通过优学派平台可以及时统计检测结果，掌握学生本堂课的学习情况。同时，课堂检测的结果可以帮助教师对学生进行分层分类，对于完全没有问题的学生，则立即布置课后巩固作业；而对于出错的那部分学生，就需要教师进行“辅导—再测试”之后再布置课后巩固作业。

五、课堂总结，畅谈收获

师：通过这节课的学习，你有什么收获?

生 1：通过本节课的学习，我知道了解决稍微复杂的方程问题，一定要先认真读题，找出等量关系式，找不出等量关系式时还可以借助绘制线段图的方法。

生 2：我知道了列方程时，等量关系式中哪个量不知道就设哪个量为 x，还知道了用方程解决问题的具体步骤。

生 3：通过本节课的学习，我会解有两步运算的方程了，而且求出未知数后一定要进行检验。

通过师生对话再一次唤醒学生对本节课知识的回顾和梳理，进而起到巩固内化的作用。

六、教学反思

本节课在学生已有的学习基础上进行，尽可能发挥学生的主体作用，课堂上能够做到师生互动、生生互动。到课程结束时，学生可以完成课前设定的教学目标。不足之处在于本节课练习容量不大，一些学生已经掌握了本节课内容，没有给这些学生设计更高层次的练习，致使一部分学生没有得到提升。另一方面在练习时个别学生计算出错，在于没有内化检查意识和方法，如最后一题结果应是 393 千米，有学生算出的数据相差太多，如果学生有估算意识，就可以很快判断自己的答案是错误的。

以数为据，开展精准教学

——以《搭配中的学问》为例

陕西省汉中市陕飞一小　彭欢欢

在“互联网+教育”迅速发展的背景下，“粉笔+课本+PPT课件”的传统教学模式早已不能适应学生日益增长的学习需求，没有兴趣、缺乏热情、缺乏深度的思考是当前学生学习存在的普遍障碍。基于此，陕西省汉中市陕飞一小走在了教育改革的前列，率先引入优学派，鼓励教师开展智慧课堂教学实践。优学派作为辅助教学的智能工具，它能帮助教师快速获取并利用课堂生成资源，为“针对性教学”的实施提供数据支撑，从而实现以学定教。下面我将以北师大版小学数学三年级上册《搭配中的学问》为例，谈谈在优学派的支持下，教师如何以数为据，开展精准教学。

一、内容分析

《搭配中的学问》是北师大版三年级数学上册“数学好玩”中的一节内容，属于“综合与实践”部分。《义务教育数学课程标准（2011年版）》中指出，“综合与实践”是一类以问题为载体、以学生自主参与为主的学习活动。在这样的理念下，本课确定的教学目标有三点：①结合“搭配服装”等现实情境，探索并掌握简单的搭配方法，能用适当的方式表示出各种搭配方法。②在操作、展示、交流过程中，逐步学会按一定的顺序思考和解决问题。③在探索用不同方式表示搭配方法的过程中，初步培养符号意识。

在学习《搭配中的学问》时，学生已经具备一定的知识储备和生活经验，能够对物体进行简单的搭配，但学生的认知水平还停留在感性层面，有时会出现重复和遗漏现象，无法做到有序搭配。基于此，我认为教学应围绕生活中的搭配问题展开，注重呈现学生的搭配思维，以此判断学生能否进行有序思考，能否用适当的方式表示出各种搭配方法。

但在一般的教学中，教师很难捕捉与呈现学生动态的思维过程，优学派的介入，可以动态呈现学生学习生成的各类数据，帮助教师基于学生的思维开展教学。因此，在本课教学中，我从“搭配服装”的情境开始就设计了利用优学派进行搭配操作的活动，让学生在优学派上使用拖、摆、画、拍等多种方式来表示搭配方法，引导学生最终学会使用字母、简单的图示来进行搭配，并总结出搭配的规律。让学生在动手操作、观察发现、讨论交流中经历有序思考的搭配过程。

二、教学实践过程

（一）操作中认识“搭配”

首先，教师通过无序地数学生人数，引出要知道班级人数得有序、不重复地进行数数，看似无意识的动作，实则在渗透有序的搭配理念，进而引出本节课的学习主题“搭配中的学问”。研究搭配中的学问，前提是要让学生知道什么是“搭配”。在以往教学中，我常常借助服装卡片或者学具，让学生在小组合作中进行服装搭配。但这样一来，在小组中就存在个别学生操作代表整组的现象，不利于全员参与。

所以，本节课中我以问题为驱动，以技术为支持，让学生在操作中认识“搭配”。首先，课件出示小丑的图片，出示两顶帽子和三条裤子的图片，然后对学生进行提问：小丑先生要表演，想选一顶帽子和一条裤子，可以怎样搭配呢（如图 1 所示）？学生可以在优学派上拖动帽子和裤子进行自主搭配，学生操作的同时，我采用了计时器功能，把控学生的操作时间，以时间数据为依据把握教学进度。

图 1　学生在优学派上进行搭配

（二）复盘中体会“有序”

“搭配”中有什么学问呢？是有序思考，如果只呈现搭配的结果，搭配过程是否有序是难以观察到的。通常情况下，学生的操作一闪而过，如果没有技术介入，教师无法回放这个过程，就不便于教师基于学生已有思维进行点拨、引导。

所以在学生拖动、搭配服装的同时，我要求学生使用优学派的“录屏”功能，录制自己搭配帽子和裤子的视频，优学派的“录屏”功能可以记录搭配过程，再现每一位学生的思维过程，既有利于教师看到学生的动态思维，也可以为接下来的教学活动积累素材，让教学真正基于学生的学习数据展开。

学生操作结束后，我挑选了三位学生录制的搭配视频进行展示和回放，其余学生边观看边阐述自己的想法。大家在讨论与交流中发现：三位学生都得出了 6 种搭配方式，他们的搭配顺序各不相同，但每个学生都是按照一定的顺序进行搭配（如图 2 所示）。在这样的复盘中，学生进一步体会到搭配时要“有序思考”。

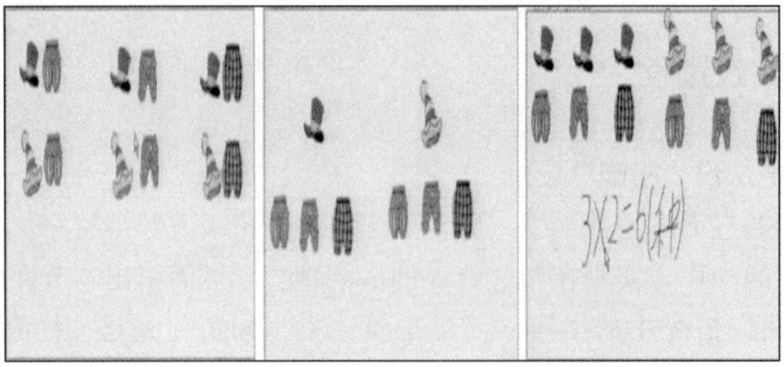

图 2　学生利用优学派进行搭配的思维过程

（三）对比中学会“表达”

本课还有个重要的学习目标是“数学表达”，即用简洁准确的数学语言记录搭配的结果。所以我继续提出问题：如果没有这些帽子和裤子，你能用其他方法来表示你的搭配吗？我要求学生先在作业本上画一画，再利用优学派拍照上传。

学生提交作品后，教师能快速浏览全班学生的作品，并选取典型答案作为讲评素材。可以看到，有的学生用画图的方式来表示，有的学生用字母来表示，还有学生用文字和图形来表示（如图 3 所示）……这些“去情境化”后所呈现的“数学表达”，反映了学生思维由具象走向抽象的过程。

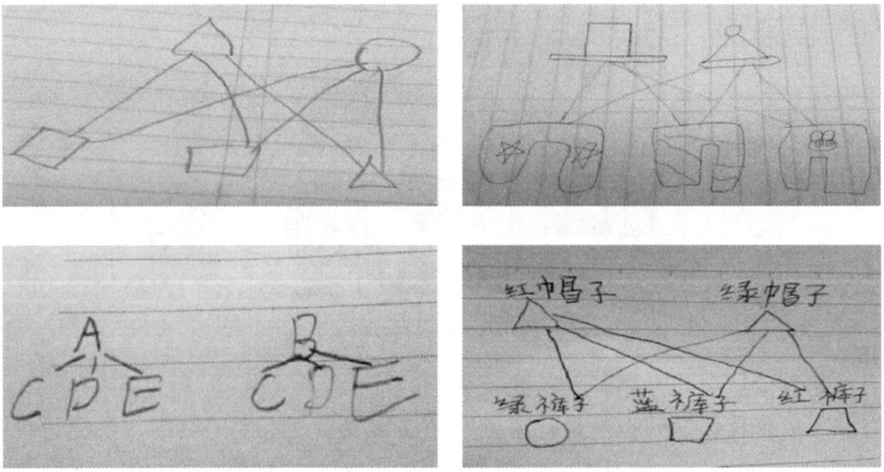

图 3　学生利用优学派拍照上传搭配方法

（四）练习中学会“应用”

学生知道要按一定的顺序进行搭配，体会了搭配方法的多样性后，能不能有意识地应用符号进行有序搭配呢？于是我让学生利用优学派完成练习：一共有多少种不同的配餐方法；从学校经过少年宫到动物园，一共有几条路可以走（如图 4 所示）。第一题先让学生借助食物进行搭配，再让学生通过画图、用字母等方式进行有序搭配；第二题让学生进行客观填空，从而实现迁移应用。从反馈情况来看，学生知识掌握良好，第一题随机抽取学生作答时，学生都能正确表示出配餐方法，第二题定时练习时，全班 40 人中 37 人正确。

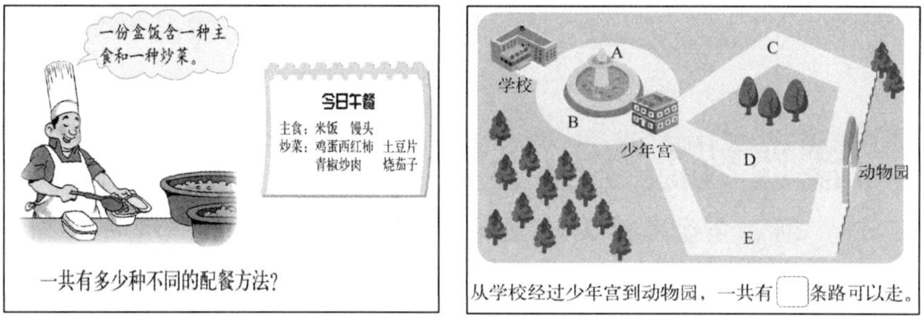

图 4 学生利用优学派完成巩固练习

在课堂最后，我利用优学派设计了一道投票题，让学生回顾课堂教学内容，并提交本节课的感受。平台能迅速并直观呈现学生的感受，通过学生的反馈，我发现这样的教学方式，深受学生喜爱。

三、教学反思

首先，兴趣是最好的老师，但兴趣的激发和培养需要载体，对本节课而言，优学派无疑是课堂教学趣味化的“好帮手”。它的引入，能让教师更好地践行“以生为本、以学为本”的教育理念。教师上课时也不再限于三尺讲台，可以进行“移动”授课，真正参与到学生活动之中。

其次，优学派作为一种辅助学习的智能工具，能够高效客观地帮助教师读懂学生。优学派能够记录学生的学习轨迹，呈现学生完成作业的时间、提交次数、正确率等情况，协助教师更好地了解学情，了解每一个学生在学习中存在的困难。

第三，优学派能够帮助教师有效利用课堂生成的资源，教师以这些资源和数据为依托，能够有针对性地进行精讲精练，从而提高数学课堂效率。

最后，教师要客观看待优学派的作用，明白真正上好一节数学课，不仅需要技术的协助，更重要的是要发挥教师个人的“智慧”。教师要认知钻研教材，研究教法，才能让自己的教学逐渐丰富起来，让课堂教学生动起来。

四、课例推广价值

本节课在应用与推广中，获得了高度的认可。我们在全校范围内对本节课进行了交流与研讨，信息中心领导和数学教研组全体教师提出了许多可行性建议。大家一致认为基于优学派进行授课，增进了师生的协作交流，使“教”与“学”相互渗透、融合一体。在市级课题研究中，汉中市教育信息化“十三五”规划课题《利用智慧课堂提高小学生数学学习效率的研究》课题组成员对本课进行了深入的学习，并围绕“以数为据，成就师生互动课堂”这一主题，对课例进行了分析与研究。在全国性赛课活动中，此课例参加了“2020 年新媒体新技术教学应用研讨会暨第十三届全国中小学创新课堂教学实践观摩活动”，被评选为“示范课例”。在接下来的教学中，我将继续用好优学派，让课堂教学更加出彩！

浅谈数据在小学数学教学中的应用

浙江省金华市婺城区琅琊镇中心小学　陈　善

随着信息技术的快速发展，越来越多的技术被应用于课堂教学之中。自我校引入优学派以来，我一直在思考如何应用优学派促进教学的变革，也在积极地开展实践与探索。基于研究，我认为优学派对教学最大的影响就是让教师从“用经验说话”转变到“用数据说话”。教师使用优学派辅助教学时，课前、课堂、课后都会产生大量的数据，教师能以数据了解学生，以数据支持教学。下面我就结合个人教学案例，来谈谈如何在数学课中进行数据的应用。

一、课前学习：以数据“定”目标

在上新课前，教师通常会让学生进行课前预习，但是学生课前预习的目的是什么？这是很多教师并没有仔细思考的问题。在这样的情况下，学生预习比较随意，预习跟没有预习的效果一样。在数学课中，学生课前预习还有可能会对某些知识形成错误的理解，这反而不利于课堂教学的开展。在数学教学中，我认为让学生进行课前预习的目的是为了了解其学习起点，分析学生课前作业的数据与类型，便于教师以数据为依据，确定符合班级学生情况的教学目标。利用优学派，教师可以向学生发送微课、诊断习题等资源，学生完成学习任务后提交答案，教师就可以获取数据、分析数据，从而确定教学目标。

以《同分母分数加减法》的教学为例，课前我通过优学派向学生发送了一道同分母分数的加法题，并让他们写下自己的想法。全班学生提交答案之后，系统马上统计出此题的正确率。这道题正确率为100%，说明我们班学生已经会计算同分母分数加法了。在我初次制定的目标中，我把会正确计算同分母分数相加减作为重点，而课前测试数据反应全班学生都能正确计算。那本节课应该教什么？我进一步查看学生的想法，一部分学生用画图的方法说明了想法，一部分学生总结了算法——分母不变，分子相加或相减，可见，学生的计算结果一样，但过程是不一样的。所以，基于学生的认知，我马上调整了目标，弱化学生同分母加减法计算，把算理的探讨作为这节课的重点。

同理，在《三角形分类》一课中，我课前布置作业时是这样设计的：这9个三角形，你还能怎么分？你是根据什么分的？利用优学派发送任务，学生可以把自己的思路和想法表达在本子上再拍照上传，也可以直接在优学派上写出来提交。通过这样的方式，教师可以在课前及时收集、汇总、了解学生是如何思考的，在课上呈现不同学生的分类方式，让学生通过对比与辨析，明白三角形可以按照一定的标准进行分类，理解与掌握不同三角形的特征。

二、课堂学习：以数据“施”教学

课堂是教学的核心环节，是师生互动、生生交流的“主阵地”，在课堂上如何基于数据展开精准教学？这是教师必须深入思考与研究的问题。课堂的时间短，教师布置的学习任务不能太多，同时，教师也要快速获取全班学生的学习数据，才能即时调整个人教学的内容。但在一般的教学中，教师往往只关注到部分学生：提问时个别学生回答，展示时也只能选取个别学生或小组进行展示，如何从“关注部分学生”转向“关注每一位学生”呢？

我在教学中，借助优学派发送客观题，通过系统统计的数据关注到全班学生的情况，了解学生的共性问题，即时调整教学内容。例如，在《小数乘法》一课中，我与学生交流互动之后，给学生安排了练习任务（如图 1 所示）。学生提交后，优学派会自动进行批改，它既能反馈全班的平均用时以及平均正确率，也能反馈每个学生的作业用时、作业正确率。教师可以从这些信息中，看出一个班对这些知识点的整体掌握情况。

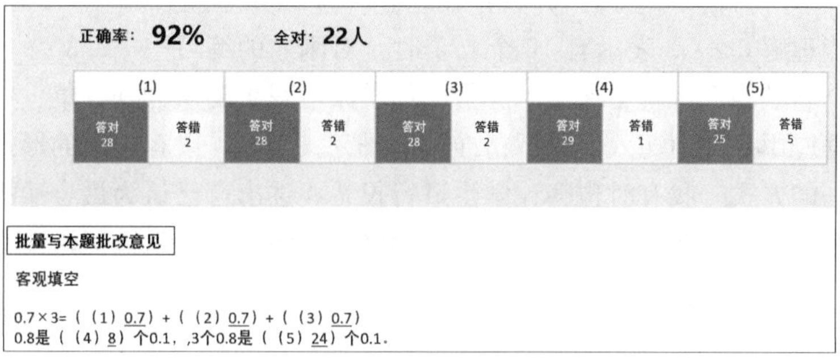

图 1　学生完成练习的数据反馈

这是一道客观填空题，从数据中可以发现，学生对乘法意义的理解还是到位的，0.7×3 它表示 3 个 0.7 相加。0.8 是几个 0.1 这道题的正确率也挺高，出现错误较多的是 3 个 0.8 是多少个 0.1 一题，为什么学生知道 0.8 是几个 0.1，而 3 个 0.8 是几个 0.1 学生错误就多了呢？原因在于后一道题出现了位值思想，也就是需要进行计数单位之间的换算。基于这样的思考，在教学过程中，我在原有的教学过程中增加了一个环节：在分别探究完 0.2×4=0.8 和 0.4×3=1.2 之后，把它们放在一起再比较（如图 2 所示），让学生总结小数乘法算理的同时，又能发现同样是几个几，但有的计算要考虑位值。

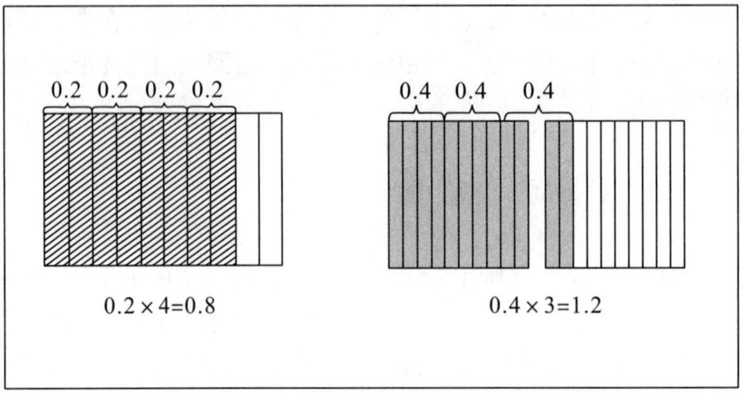

图 2 比较 0.2×4=0.8 和 0.4×3=1.2 算式的异同

教师：这两个算式有什么相同和不同的地方吗？

学生 1：0.2×4=0.8，是 8 个 0.1；0.4×3=1.2，是 12 个 0.1，它们都表示几个 0.1。

学生 2：0.2×4，4 个 0.2 总数没有超过 1，而 0.4×3，3 个 0.4 结果比 1 多了。

教师：这个 1 是怎么来的？

学生 3：3 个 0.4 相当于 3×4 个 0.1，一共有 12 个 0.1，12 个 0.1 可以看成 10 个 0.1 和 2 个 0.1，10 个 0.1 就是 1，2 个 0.1 是 0.2，一共就是 1.2。

当学生能理解 0.4×3 表示有 12 个 0.1 时，对刚才的练习——0.3×8 有 24 个 0.1，而不是 2.4 个 0.1 的理解就更深刻了。借助优学派，我主要从数据收集、数据处理、数据分析、数据应用等方面切入，进行精准教学研究。当然，以客观题的形式进行数据采集并不是唯一的方式，我有时也会让学生进行投票，选出自己认为最合适的答案；有时会利用优学派布置主观题，看看学生对某一问题的不同想法，从而促进学生的深度思考与思维碰撞。

三、课后学习：以数据“推”作业

小学数学学习分四部分：数与代数、图形与几何、统计与概率、综合与实践。针对不同的知识点，课后作业设计也是不同的。数与代数的内容一般检测学生对计算的掌握程度，教师一般以选择、填空等客观的方式呈现。空间与图形的知识点很多时候是需要呈现学生的想法，一般会选择主观的形式。当然，也有的作业不适合用优学派进行布置，必须要以纸笔作业的形式培养学生做题习惯，若教师想快速掌握学生作答的数据，也可以让学生拍照上传答案。例如，学生在学习小数简便运算时，我先用优学派布置了 2 道检测题，全班正确率很高，所以我就接着布置纸笔作业，让学生进行脱式计算。学生完成作业后拍照上传，我再给予批改、指导（如图 3 所示）。

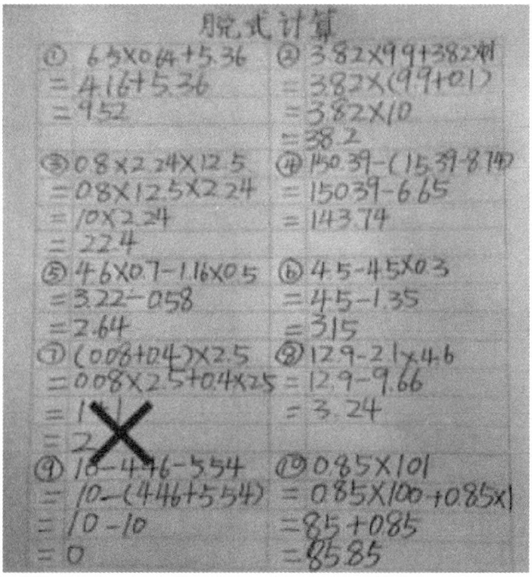

图 3　学生进行纸笔作业，然后拍照上传

在小学学习阶段中，学生在数学上会出现一个“两极分化”的现象，尤其是在三、四年级之后，所以教师有必要结合各类学生的学习认知水平，针对各层次学生设计分层作业。例如，学习《小数的意义及加减法》这一单元时，我利用优学派，尝试进行了分层作业的布置，帮助学生进行个性化学习。当时由于疫情影响，学生在家听网课学习。我根据学生平时作业完成的数据，对班级学生进行了分层分组，然后基于优学派设计了三组练习，学优生完成智慧加油站的题目，中间生做提升题，学困生完成基础练习题。通过分层练习，让各个层次的学生都能得到发展。

在练习作业后，教师又可以基于作业数据对学生进行适当的评价鼓励，可以通过优学派使用简短的评语对学生进行鼓励：“这次作业有进步，继续努力!”“计算很仔细，又做全对了。”“这道题有很多陷阱，但都没逃过你的法眼。”等。也可以采用符号对作业进行批改，例如，打勾表示写得好；问号表示写得不够完整，建议重新再写；还可以给及时完成作业的学生送上表扬。另外，我会每周挑选出一部分优秀的作业，拍成照片，课前花几分钟时间给大家欣赏，并在优学派中进行收藏，等到期末进行综合奖励；有一部分学生作业虽然完成得不是很好，但相比上一次的作业成绩有进步，我就对他们进行表扬，每周查看表扬总次数，进行最大进步奖的颁奖仪式。通过这样的方式让学生充分体验努力带来的成就感，同时也给班级营造了良好的学习氛围。

参考文献

1. 朱广艳．信息技术与课程整合的发展与实践——访北京师范大学刘儒德博士 [J]．中国电化教育，2003（03）：5－8.

2. 李美凤，何飞．智慧课堂中的“练习—反馈”环节教学行为分析——基于 19 节省级一等奖数学课例的视频分析 [J]．现代教育技术，2019，29（06）：62－68.

优学派助力，让课前学习更高效

河北省石家庄市国际城小学　刘彦君

2020年春，一场突如其来的新型冠状病毒使我们原本正常的生活被按下了暂停键，本应欣赏春光、相约校园的师生，都被无情的疫情阻挡在家中。1月29日，教育部下发通知：要求学生停课不停学，教师停课不停教，搭建网络云课堂，让学生在家也能进行正常的学习活动。河北省石家庄市国际城小学（以下简称国际城小学）也积极贯彻国家、省、市、区“停课不停教，停课不停学”的重要精神，全校师生同舟共济、共克时艰，借助优学派智慧教学设备开始了居家学习的新征程。

虽然在疫情来临之前，国际城小学一直在开展优学派与各学科教学的应用融合实践，但更多的是在尝试优学派与课堂教学的融合，师生通过优学派进行远距离互动完成教学任务还是头一回，所以“线上教学”开始的第一个月，师生都在经历一个逐步的适应过程。在此过程中，我们都在不断发现、梳理并解决各方面的问题，以寻找更好的师生交互方式。

相较于平时“面对面”的课堂教学方式，疫情期间的师生只能通过互联网连接，过程中可能会出现各种不可控的因素影响学习效果。为了让学生在有限的时间内有更大的学习收获，我们决定将更多内容放到课外，让学生有充足的时间进行自主研究；同时利用优学派的班级空间，给学生创造讨论交流的平台，让学生在教师的引领下通过和同学的交流讨论对自己的观点和想法进行修改、优化和完善；而师生在线互动的三十五分钟着重用来解决学生还存在的问题。就这样，在平时我们还未完全放手实施的“翻转教学”模式居然在疫情期间得到了实现。经过大半学期的尝试和实践，我们发现让学生在课前进行自主探究更有利于他们在课内的吸收，这种方式是可以延续到疫情结束后的正常教学中的。本文笔者以《圆柱和圆柱的侧面积》一课的实践为例，谈一谈我们是如何利用优学派开展课前自主研究的。

著名心理学家皮亚杰曾说过：“动作是智慧的根源，儿童的思维是从动作开始的，切断动作与思维的联系，思维就不能得到发展。”《义务教育数学课程标准（2011年版）》指出：为了帮助学生真正地理解数学知识，教师应注重数学知识与学生生活经验的联系，组织学生开展实验、操作、尝试等活动，引导学生进行观察、分析、抽象概括，运用知识进行判断。因此，数学教师在组织学生进行有效学习时，要多为学生提供动手实践的机会。

既然是课前学习，学生实践操作的过程和结果要如何呈现呢？优学派又为我们的这项尝试提供了哪些便利呢？

一、发布作业，明确要求

对于初次尝试的学生而言，仅仅根据课本上的几行提示展开课前的动手操作是不够的，教师一定要给予其明确的要求和方法上的指导，要有思维的跟进，还要培养学生将操作和语言描述结合起来的能力。以《圆柱和圆柱的侧面积》一课为例，学生即便阅读完教材内容，一样不知道如何探索圆柱侧面积的计算方法，所以教师在布置任务时，可以就学生的思考与实践方向、实践方法、实践中需要注意的问题等进行必要的提示，让学生明确自己要做什么、怎么做等问题。以下是我发布的《圆柱和圆柱的侧面积》一课的课前实践要求。

第一，请你自己找一个圆柱形的物体，如易拉罐、茶叶桶等，将它的侧面用纸包起来。

第二，将准备好的圆柱侧面沿一条高剪开，思考以下问题：

（1）展开后的图形是什么形状的？

（2）展开后这个图形的面积和圆柱的侧面积有什么关系？

（3）请你根据展开图形的面积公式推导出圆柱侧面积的计算公式。

第三，请将你实验的过程录制成视频上传。（要求：边操作，边用语言描述每一步在做什么，有哪些发现，视频最后要有你通过实验得到的结论。）

第一次发布这样的作业，我也很忐忑，不知道学生能不能读懂老师的要求并在指令下顺利完成探索，能不能归纳出正确的结论。但当我从优学派平台上看到学生提交上来的实验视频后，我感到非常意外和惊喜。通过分析学生的作品，我发现在课前利用优学派做实践探究有诸多优势：

1. 时间充裕，探究方法多样化。数学课中，对于动手操作探究，学生的兴趣一直很高，但平常受时间限制，学生无法进行充分探究。此次将该操作放于课外，时间相对充足，只要学生愿意，他便可以多途径开展探究。因此，在本次的作业反馈中，我看到了很多同学不同的探究思路和想法，而这些思路和想法都是超越课本之外的。例如，六年级五班高某某同学除了根据老师的要求将圆柱沿高展开得到长方形，还自主探索将圆柱体沿斜线展开得到了平行四边形（如图 1、图 2 所示）。

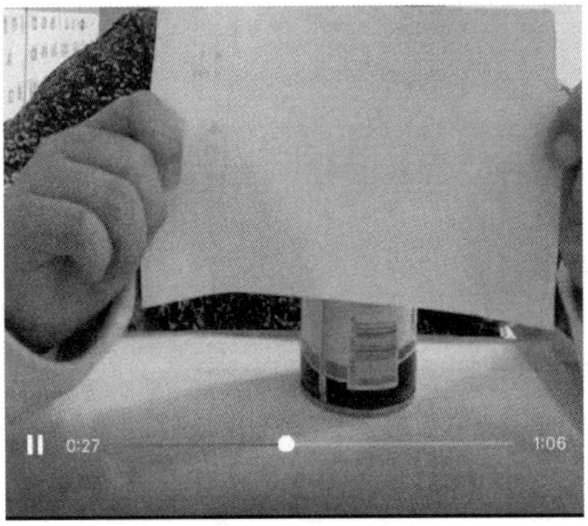

图 1　沿高剪开得到长方形

图 2　沿斜线剪开得到平行四边形

2. 平台收集学生作品，方便教师及时全批全改。在以往教学中，学生在课前完成实验操作后，教师只能选择个别学生的作品作为典型进行讲解，至于其他学生操作得怎样，教师并不能完全了解，更别提能给学生进行一对一的纠错和辅导了。而利用优学派，学生在课前完成的作品通过平台提交，教师可立即查看、批阅，并可以就操作中出现的错误以及学生提出的困惑及时通过平台进行交流，这相当于对每个学生的作品进行了“面批”和有效、精准的个性化辅导。

3. 记录、呈现过程，方便师生追根溯源。在平常的实验操作中，我们只能得到最终的结果，无法重现操作过程，这不利于师生查找和明确错误原因。利用优学派平台提交的作品，不管是利用问答题录制视频还是使用互动题板录屏，都可以清晰地保留学生的作答过程。如果学生作答结果有误，师生只需要播放操作过程便可进行错误追踪和回溯，及时帮助学生纠错。

4. 作业数据方便保存，为学生建成学习资料库，便于定期复习。平常的作业数据，只能靠学生自己保留，但大部分学生都是做一天丢一天，到期末复习的时候作业都找不到了。而通过优学平台完成的作业，学生可以随时登陆平台查看数据和详情，为定期复习做好资料保存。

二、空间分享，充分交流

在平时的面对面授课中，对于实验操作，我们会在学生自主完成以后先进行小组讨论交流，然后再进行全班的展示分享。但是线上教学受网络和设备的限制，并不适合多人一起讨论交流，于是我把交流环节也放到了课前。

教师在优学派班级空间中发起讨论话题，由学生跟帖留言。学生可以发表自己的思考结论，也可以对其他人的留言进行评论和点赞。这种交流方式打破了物理位置和人数的限制，让师生的交流讨论变得灵活起来，任何时候有了新的想法都可以再去留言分享。例如，学生将探究圆柱侧面积计算方法的实验提交至班级空间，由教师在班级空间发起话题，学生自由交流讨论，从中还可以产生新的问题，引发学生深入思考。

班级空间交流还可以增进师生感情，在这里，大家的身份不仅仅是教师和学生，还可以是不同年龄的朋友，有些比较腼腆的学生，会在私信中与教师聊天，和教师有一个“秘密基地”，使得学生对教师的信任无限增加。

三、收集数据，二次备课

课前的工作做得精细到位，能够帮助教师更充分地了解学情，进而以学情为导向、以问题为抓手，精准施教。因此，在学生完成课前探究后，教师除了要及时批阅了解学生的作答情况，还要认真总结学生在课前实验和小测中出现的问题和闪光点，形成课堂教学资源和素材，便于课上重点讲解和突破。例如，在《圆柱和圆柱的侧面积》一课中，学生的实验过程中出现了以下几个问题：

1. 部分学生在展开圆柱侧面时，并没有沿高剪开。

2. 圆柱的侧面沿高剪开后是一个长方形，长方形的长是圆柱的底面周长，长方形的宽是圆柱的高，但这只是较矮的圆柱（如图 3 所示）。

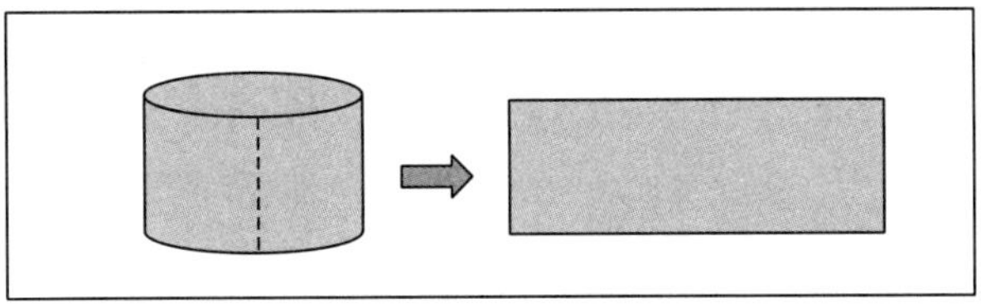

图 3　较矮的圆柱侧面展开图

而如果是细长的圆柱，结论就相反了，长方形的长是圆柱的高，长方形的宽是圆柱的底面周长（如图 4 所示）。

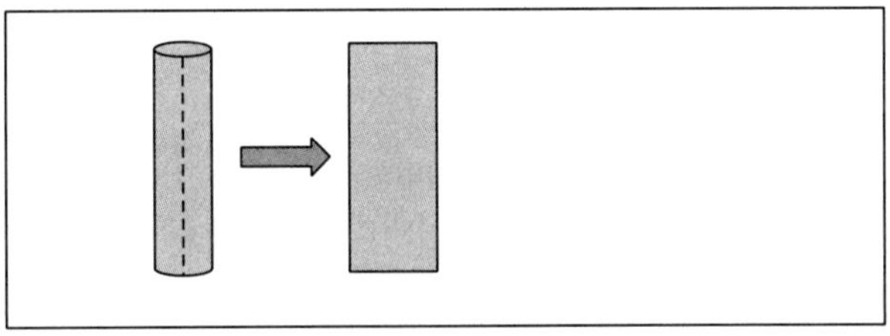

图 4　细长圆柱侧面展开图

由于教材中只出现了第一种情况，部分学生在看完书后已经在头脑中形成了固定思维，即便在操作中他遇到的是第二种情况，在描述时他也会按照第一种描述。

3. 有少部分学生在实验中沿高剪开后得到了一个正方形，他在描述时显得很犹豫，后来我跟他交流时了解到，他说“书上给的是长方形，但是我剪出来了的几乎是一个正方形，不知道该说是长方形还是正方形”。我当时很高兴：这就是我们在课前生成的有效资源，是课堂教学中可遇而不可求的资源。因此，我立马回复他：“什么情况下，长方形就变成了正方形，如果是正方形，说明圆柱的底面周长和高有什么关系呢?”过了一会学生回复我：“老师，圆柱的底面周长和高相等了，就能剪出正方形!”他是通过语音方式发给我的，声音听上去特别开心。于是，我特意将他的发现作为第二天课堂的重点拓展内容，在线上教学时请他和全班学生分享。

通过对以上问题的整理和分析，我重新调整了本节课的教学目标和课堂活动并及时收集学生的典型做法，用于课堂分享和突破学生的疑难点。

在以生为本的教学实践中，学生的已有认知经验和知识基础才是教学的起点，但在平常的教学中，我们时常为了赶进度而忽略了对学生已有认知经验的检测和了解，课堂设计更多是以教师的经验和教师用书的指导为依据。现在，我将课上动手操作的过程和练习前置，有更多的时间和机会去发现并了解学生的原有经验，为课堂上的精准教学提供了可能性。同时，由于优学派的帮助，教师能随时将学生有价值的思考引入课中，作为其他学生展开深入思考的素材，为课堂的深度和广度的拓展创造条件……

基于技术融合的精准化教学探索

——以《动物的行为》一课的教学为例

浙江省湖州新世纪外国语学校　金碧辉

一、背景

为推进湖州新世纪外国语学校移动学习终端项目的应用，实现教育技术与课堂教学的深度融合，提高教师运用现代教育技术的能力，提升教师数字化学习和精准教学的应用水平。学校以“基于移动学习终端的精准教学”为主题开展了教学研讨活动，旨在通过移动终端助转型，精准教学促发展。

研讨活动中，学校教师开展了基于大数据和人工智能的精准教学实践，研究了基于大数据的个性化教学和基于大数据的个别化深度学习，充分发挥了大数据和人工智能在课堂教学改革中的重要作用。

本文以笔者在此次实践研究中的一节教学活动——《动物的行为》为例（如图 1 所示），主要从课前检测更快捷、生生互动更多样、数据分析更精准三个方面探讨教师如何利用优学派来辅助初中科学课堂，促使学生积极参与，提高课堂反馈速度与教学精准度，实现“一对一”高效精准课堂。

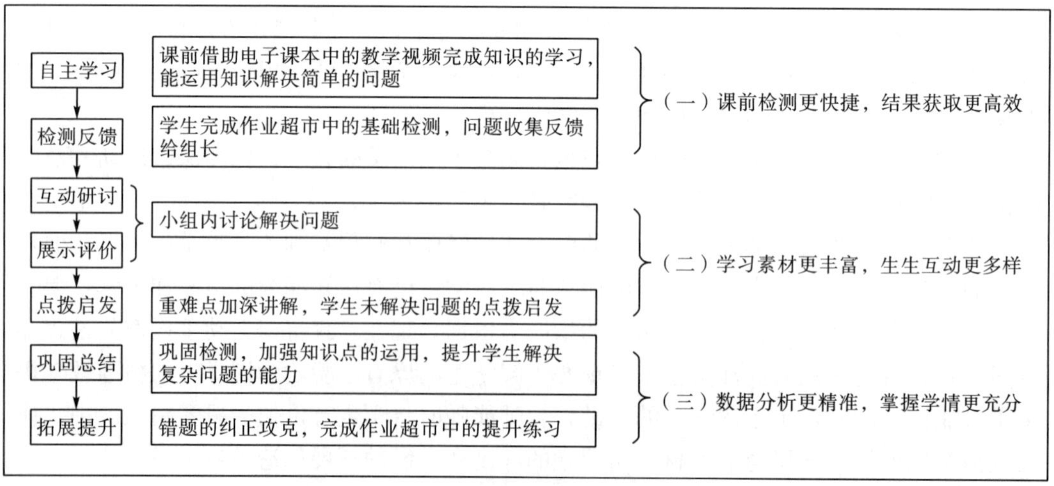

图 1　《动物的行为》内容导图

二、案例解析

《动物的行为》一节为初中科学（浙教版）八年级上册第 3 章第 4 节的内容，本节内容是在动植物生命活动调节的基础上对动物的各种行为进行归类和分析。本节课的教学重点是动物的先天性行为和后天学习行为的分类及各自的特征。动物的行为是多种多样的，学生对此虽有所察觉，但缺乏理性思考。通过本节课的学习，教师希望学生能对动物的行为有理性的认识。

优学派的教学应用，是包含了课前导学、课堂教学、课后作业三部分的完整教学链。在《动物的行为》一节教学中，笔者先是借助优学派收集的数据，即学生课前的学情来定教学目标、教学方式、教学手段，以设计有针对性的精准教学活动。课中，再按照“自主学习—检测反馈—互动研讨—协作学习—展示评价—点拨启发—巩固总结—拓展提升”的流程来开展教学活动，让学生有更多的时间进行独立思考和自主探究，化被动学习为主动学习，进而促进教学效率的提升。

（一）课前检测更快捷，结果获取更高效

课前导学板块，不仅方便教师发布前置性学习内容，更重要的是教师能够快速获取学生课前学习的结果，教师有充沛的时间进行学情分析，并将反馈情况应用到次日的课堂教学中。布置前置性学习内容和检测试题，是笔者从实践智慧课堂开始一直保持到现在的教学习惯，因为从学生的前置性学习反馈结果中，教师可以准确地了解学生已有的知识水平，进而有针对性地制定教学目标，让第二天的课堂教学更加精准化。

在《动物的行为》一节教学活动中，笔者借助优学派智慧教育平台的课前导学板块给学生提前发布了预习任务及配套的检测题，学生的预习反馈结果为课中的多个环节提供了数据和材料支撑（如图 2 所示）。

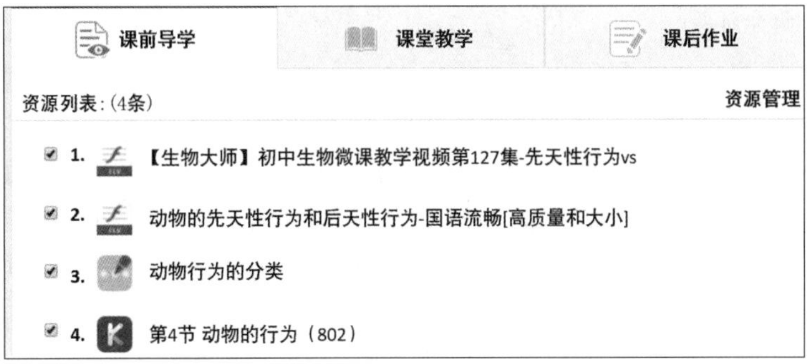

图 2 课前预习任务

（二）学习素材更丰富，生生互动更多样

高效的课堂是学生发生了深度学习、深度思考的课堂。只有产生了深度学习、深度思考，学生的思维品质才能得到锻炼，科学核心素养才能得以提高。如何引导学生进行深度思考，进而产生深度学习？这就需要教师给学生提供充足的资源支撑。在日常教学中，笔者一般会利用两种类型的资源启发学生的思考，一类是学生在自主完成互动探究任务时的各种想法，这是最宝贵的课堂资源（如图 3 所示）；另一类是教师提前预设的资源。在过往教学中，即便教师准备了大量的素材和资源，也只能通过大屏幕统一播放，不能满足不同层次学生的学习需求，加之学生座位固定，同学之间的互助互动又不方便，大量的资源并没有发挥应有的作用。用优学派进行教学，教师可以根据学生的不同需求将其分层分类，精准化、有针对性地给他们推送适合的资源。表 1 展示的是课堂各教学环节中，利用移动学习终端推送给学生的各类学习素材（图片、文字、视频、案例）。因为有这些素材的辅助，学生理解起来更容易，课堂氛围更活跃。

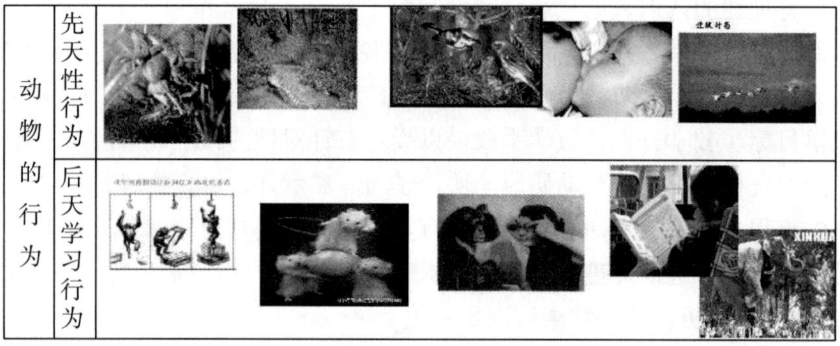

图 3　利用生成性资源引发学生深度思考

表 1　教师准备的课堂资源

教学环节	环节目标	教学内容	教学资源
1	检查课前预习情况	对动物的行为进行分类	互动题板
2	拓展知识	了解各种动物的行为	各种动物的行为图片
3	课堂延展	节律行为、蜜蜂的社群行为、蜜蜂的通讯行为	外网链接资源

（三）数据分析更精准，掌握学情更充分

和平常的课堂相比，优学派融入的课堂最大的一个优势是学习数据的收集与呈现。无论是课内还是课外，借助优学派完整的教学软件体系，教师能实时得到各项教学数据，准确掌握学生的学情，使得教师能够随时随地关注每一个学生，实现教学的精准化。

表 2 是《动物的行为》一节内容的部分教学环节，笔者将以此为依据分析在教学过程中教师是如何利用平台生成的数据为教学活动服务，从而实现为学生的需求而教的。

表 2 部分课堂教学环节展示

教学环节	环节目标	教学行为	学生活动	媒体作用及分析
5	先天性行为和后天学习行为的列表比较	分析先天性行为和后天学习行为的区别与联系	小组合作探究，完成导学案中表格的填写，拍照上传	采用随机对比形式看学生对两种动物行为的特征的归纳能力
6	检测学生对四字短语的理解，以及对动物行为的归类	先天性学习和后天学习行为的归类	完成互动任务	数据呈现学生答题情况，方便教师明确讲解重点
9	课堂练习检测	发送互动试题	完成互动检测题	数据呈现学生答题情况，方便教师明确讲解重点
10	学习困惑解答	学习困惑聚焦	对课前提出的学习困惑进行分析解答	通过平板电脑，直接呈现学生课前提出的学习困惑，共同探讨解决共性问题

环节 5——展示评价，通过小组合作探究，完成导学案中“先天性行为和后天学习行为的异同点比较”表格的填写，用优学派拍照上传结果。教师讲评时采用随机对比的形式查看学生对两种动物行为特征的概括、归纳能力，对比形式能直观地呈现多个学生的答题情况，学生在观察、对比辨析中发现思维的异同点，进而进行自我反思和完善。在此基础上，教师针对学生概括不完善之处进行的补充就更有意义。

环节 6、9——巩固总结，学生在平板电脑上完成教师发送的“课堂练习”。学生完成后，教师端立即收到学生的作答结果，此时教师只需要选择错误率高的习题进行有针对性的讲解即可。

环节 10——拓展提升，教师筛选出课前同学们通过平板电脑提交的本课的困惑点开展全班讨论，解决共性问题。

回顾以上所有环节，每一个环节都是在平台提供的数据支持下展开的深入探索和研究，在数据的牵引下解决了全班每个学生存在的问题，真正做到了以数为据，精准分析。

三、案例反思

运用优学派智慧教育平台辅助课堂教学，需要教师把握分寸、厘清需求，树立正确的数据观。在开展技术与教学深度融合的实践中，笔者既体会到了数据支持下的精准教学的好处，也渐渐在脑海中生出一些问题和思考。

第一，技术的合理运用能发展和训练学生的开放性思维。在教学实践中，教师应注意发掘教材的拓展点、学生的生长点，抓住最佳时机施以教学。比如，在上《动物的行为》之前，教师让学生在课前自主搜索“蜜蜂的社群行为和通讯行为”，课堂中让学生围绕这一主题展开讨论。此时，互联网上收集到的资源一方面填补了学生关于这方面的知识空缺，另一方面又跟学生原有的一些想法产生了冲突。最后全班同学经过共同探讨，去伪存真、去粗取精，全班学生在原有的认知基础上都有了新的收获。

第二，技术的运用能唤醒学生的学习热情。相对于传统教学而言，互动题板“两种行为的列表比较”这样的任务设计更能激发学生的学习兴趣和思维潜能。讲评时教师对比整合各组的智慧结晶，并在此基础上授予新的知识点。学生参与的机会越多，就越能唤起他们表现的欲望和激情，也更容易被接受。

第三，技术的运用让课前-课中-课后连贯起来，为学生服务。课前，学生在学习任务单的指引下，学习优学派自带的名师视频，并完成简单的基础检测，实现知识的吸收和内化；课后，对于“吃不饱”的学生，教师还可以利用平台资源对其进行拓展提升，对于基础差的学生，教师也可以利用平台为其匹配合适的微课、配套的视频等资源，帮助其查漏补缺。

第四，在科学教学里，新技术和新媒体的融入能在有限的课堂内为学生创设无限的学习空间，充分发挥其主动性和创造性，进而有效地培养学生的理性思维和科学探究能力。同时，科学作为理性思维学科，教学时应结合科学实验、生活实例，采用启发、引导的方式让学生自主发现知识、内化知识，此外应注意观察学生的思维动态，及时调整教学手段。

过去，课本是我们的世界，现在，世界才是我们的课本。优学派是一个将世界这个课本呈现给学生的最好载体。作为教师，我们要充分利用信息技术为我们带来的便利，在正确解读课程和教材、科学制定教学目标的基础上，找准学生的生长点，辅以正确的方法，让每一个学生都能在知识的世界里精彩绽放。

从会学到“优学”

——《搭配中的学问》教学实录

四川省成都市草堂小学　叶　燕　彭晓爽

尊重学生，以生为本，真正体现教学是为了学生主体的发展——这是现代课堂教学最根本的理念。教师在教学中要根据学生的心理特点、学习兴趣和已有知识基础来选择有效的教学方法引导学生进行深度学习。从学生的视角来设计学习活动，学生才能有效完成认知上的链接、获得自身发展。一年级我们引导学生从“入学”到会学，当学生有了一定的学习基础和方法后，如何让学生从会学到“优学”，是每位教师在教学实践中经常会遇到的问题。因此，我们在教学中尝试站在学生的角度设计富有情趣和意义的活动，有效利用现代课堂教学技术，让学习从学生中来，使学生有更多的机会在对比、思辨和实践中提升思维能力和学习能力。

下面以北师大版小学教学三年级上册“数学好玩”《搭配中的学问》这节课为例，谈谈如何借助优学派实现以学定教，把数学思想、方法的渗透做到“润物细无声”。

一、来自前测的生动理解——“什么是搭配”

课前，教师通过优学派“课前导学”板块给学生布置了两道问答题，要求学生将完成的题单拍照上传（如图 1 所示）。

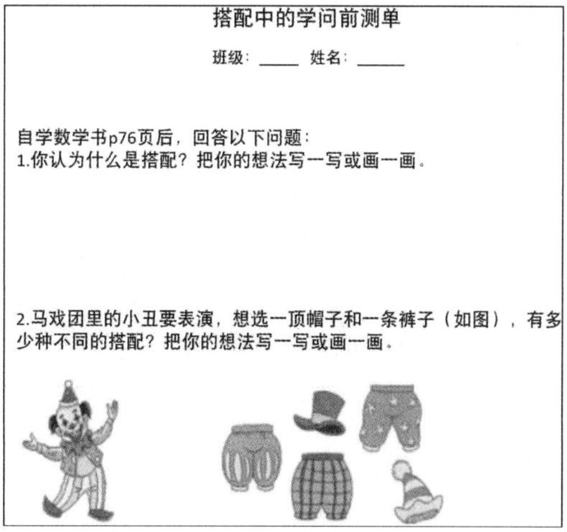

搭配中的学问前测单

班级：____　姓名：____

自学数学书p76页后，回答以下问题：

1.你认为什么是搭配？把你的想法写一写或画一画。

2.马戏团里的小丑要表演，想选一顶帽子和一条裤子（如图），有多少种不同的搭配？把你的想法写一写或画一画。

图 1　前测题单

通过统计学生的前测情况，我们发现大多数学生对搭配有一定的感觉，但还不能准确地表达出自己的感觉。因此，我们设计了第一个环节，通过对比四位学生的作品，让学生说一说都看懂了什么，并用优学派的画笔功能圈出关键词（如图 2 所示）。

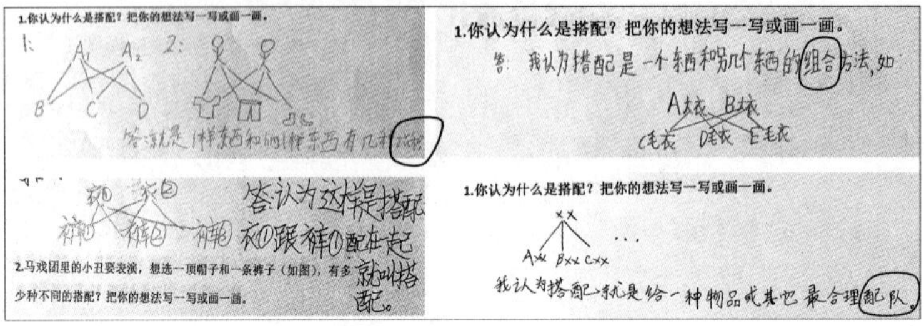

图 2　对比部分学生前测作品

在对比、分析中，学生明白搭配就是组合，把一种物品和另一种物品组合在一起就叫搭配，每一种组合就是一种搭配。

师：他们的理解你都看懂了吗？谁来说一说？

生：他们说搭配就像穿衣服一样，一件衣服配一条裤子，要组合在一起。

师：第二位同学怎么理解的？

生：他说要把两个东西组合起来。

师：他也提到了组合。

生：第四位同学说把一种物品或其他物品合理配对。

师：那他们的发言中有什么相同的地方吗？

生：他们都有组合在一起的意思。

师：究竟什么才是搭配呢？有同学说连一种就叫搭配，可还有些同学认为全部连完才叫搭配。你们认为呢？

生 1：全部连完才叫搭配。

生 2：我觉得是一种东西和另一种不同的东西连起来才叫搭配。

师：其实，一种物品和另一种物品组合在一起就叫搭配。我们用一条线将组合中的两个物品连接起来就是一种搭配方式，如果有很多条线连接着不同的物品，就表示有很多种不同的搭配方式。

【评析】完成“如何搭配”这样一道题，是很多教师在本课导入环节喜欢采用的方式，但感悟和理解“什么是搭配”并能把它说清楚却不是很多教师敢于在课堂上去做的。可不弄清“搭配”，何以谈搭配的学问呢？本课教师借助优学派“课前导学”功能让学生在自主学习书上相关内容后，尝试用自己的方式来表达对于搭配的理解。教师引导学生在富有个性的表达中，关注同伴的理解并寻找共性，提取高频关键词，从而使学生对搭配的理解从“有那么点意思”到逐渐清晰、准确。

二、搭配前的探究：学问 1——标准和分类

明白了什么是搭配之后，5 件物品该怎样搭配呢？教师把 2 顶帽子连起来，问学生："这样能搭配吗？"学生立刻发现了问题，纷纷表示不可以。

生：不可以，因为帽子和帽子是相同的。

师：相同的怎么就不能搭配呢？

生：因为题目上说了要选 1 顶帽子和 1 条裤子，选 2 顶帽子肯定就不行。

师：咦，他关注到了什么？

生：题目要求。

师：题目要求是？

生：选 1 顶帽子和 1 条裤子。

师：看来搭配是有标准的，这里的搭配标准是什么？

生：1 顶帽子和 1 条裤子搭配。

师：也就是说像这样相同的物品能不能在一起搭配？

生：不能。

师：那搭配之前我们可以先怎样？

生：我们可以先分类。

通过以上的师生对话过程，教师在与学生的交流碰撞中，润物细无声地渗透了分类思想。

【评析】教师没有放过题目中学生简单易懂的"选 1 顶帽子和 1 条裤子"这一要求。巧妙地引导学生理解这里的搭配是不同类物体的搭配，并非简单的"一物搭一物"。从而让学生的学习从按要求会搭配，优化提升到在搭配前理解搭配标准，并有意识地根据标准对搭配对象先进行分类，完成了一次数学学习的逻辑建构。

三、在搭配中探究：学问 2——简洁表达

1. 通过对比，体会表达的简洁

准确、清晰、完整的表达不是每个学生都具备的能力。在表达"2 顶帽子和 3 条裤子有多少种不同的搭配方法"时，有的学生用到了画实物图的方法，有的学生用了画图形的方法，还有的学生用字母图、文字图或算式来表达。怎样才能让学生更全面地看到彼此的想法、理解彼此的想法，进而体会表达的简洁性？对比是最好的方式！

在本课中，我首先利用优学派选择了两份学生作品（画实物图的和画图形图的）进行对比展示（如图 3 所示），并以人气投票的形式让学生思考：哪一种更容易看懂？通过投票结果和师生的问答，教师了解到大部分学生对简洁的表达更为欣赏。

图 3　学生通过对比投票选出最容易理解的作品

师：选第二种方法的同学更多，为什么呢？

生：第二种方法很简便，并且他标注了帽子用三角形表示，裤子用正方形表示，同学们很容易就能分辨。

师：他刚才提到了一个词，是什么？他为什么选择第二种方法？

生：因为他觉得既简便，看得又清楚。

师：可我觉得第一种方法也很清楚，为什么选择它的同学不多呢？

生：我觉得他画得很复杂，直接用图形表示更简便。

师：看来，在同样容易理解的情况下，你们更喜欢简洁的表达方式。

【评析】对比是激发学生思辨的有效方式之一。教师利用优学派选择两幅学生作品，并采用优学派即时投票功能获取作品支持率。这种即时反馈首先使学生的参与度几乎达到 100%；其次有效提高了学生对问题的关注度，提高了课堂学习效率；最后，我们也在课堂互动中看到了学生支持简洁数学表达的有理有据。

2. 学习多种简洁表达，根据需要做出选择

哪些是简洁的表达方式？简洁的表达方式是否搭配完整了呢？部分学生还存有疑惑。为了进一步梳理搭配的表达方式，让学生学习简洁的表达，并体会到我们可以根据不同的需要或者问题要求选择合适的表达方式，为此，我设计了以下环节：

师：2 顶帽子和 3 条裤子究竟有哪些不同的搭配方法呢？

生：把帽子分成 1 号和 2 号，把裤子分成 1 号、2 号和 3 号。先用 1 号帽子配 1 号裤子，再用 1 号帽子配 2 号裤子，再用 1 号帽子配 3 号裤子；然后用 2 号帽子配 1 号裤子……

师：哇！这样说下去，要说到什么时候呀？有没有简单一点的表达方式？

生：1 号帽子和 2 号帽子分别去搭配 3 条裤子。

师：你是这个意思吗？

师：刚才我们为了说清楚 2 顶帽子和 3 条裤子有哪些不同的搭配，用到了文字表达（如图 4 所示）。你还有哪些简单的表达方式呢？

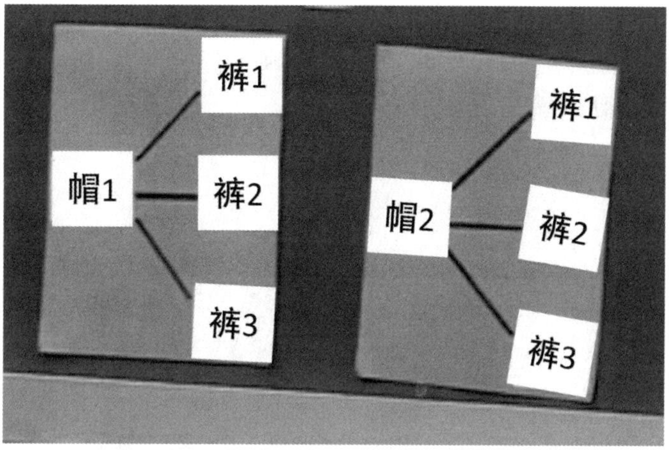

图 4　学生文字表达板书

生：可以画图形表示。帽子用圆圈，裤子用正方形表示。

师：那你的意思和黑板上的方法差不多，可以这样表达。可是，这种方法，如果不看题，只看图形，知不知道有哪些不同的搭配？需要做点什么？

生：不知道。需要标注清楚图形代表什么，还要编号。

师：除了文字、图形，还有哪些表达方式？

生：还可以用英文字母。帽 1 可以是 A1，帽 2 是 A2，裤 1 可以是 B1，裤 2 是 B2，裤 3 是 B3。

师：看来我们有很多种方式来表达 2 顶帽子和 3 条裤子有哪些不同的搭配。

如果我们只需要知道有几种搭配方式，你会选择怎样的表达？

生 1：跟前面一样，写出来或者画出来，数一数连了几条线就知道了。

生 2：我用乘法算就知道了。

师：那其他同学会选择哪一种呢？

……

在与教师的交流和对话过程中，学生体会到了表达“有哪些不同的搭配”时，可以用文字、图形、字母等简洁的表达方式，同时明确了这几种表达方式的不同之处。因此，为了清晰明了地表达搭配的方法，我们要根据题目需求选择合适的表达方式并做好标记说明。在回答“有几种不同的搭配”时，可以用列举、连线的方法，也可以直接用列乘法算式计算的方法。

【评析】针对“有哪些不同的搭配”这一问题，教师引导学生在作品分析中分层讨论各种数学表达的优劣和需要注意的地方，此处既体现了异中求同，又体现了同中求异。而对于“有哪些”和“有几种”这两类关于搭配的问题，教师也没有一带而过，而是让学生真正理解数学问题的指向，引导学生根据问题优选方法，实现优学。

3. 理解表达背后的本质——乘法意义

在分析学生前测题单时，我们发现虽然大多数学生都是用图形或字母表达，但有些学生用的是最简图，如图 5 中的第 2、3、4 幅作品，也有一部分学生用的单个搭配的图，如图 5 中的第 1 幅作品。两种图有什么联系？学生是否知道这些联系？接下来的环节，我们借助优学派的“对比”功能，让学生分析两种图哪种更简洁且意思表达得更清楚。学生不约而同地选择了后 3 幅图。此时，教师有意放大第 1 幅图，引导学生思考第 1 幅图的两种方法是什么意思。

图 5　学生简洁表达对比

师：有没有同学看明白第一个学生的想法？我觉得他表达得也很清楚，还用到了两种方法，他是什么意思呢？

生：A、B 都代表帽子，3 条裤子也用不同的字母表示，A 分别去搭配 3 条裤子，B 也分别去搭配三条裤子（如图 6 所示）。

师：也就说从帽子出发，每 1 顶帽子有几种不同的搭配？

生：3 种。

师：1 顶帽子有 3 种不同的搭配，是 1 个 3，这里的搭配是几个几呢？

生：2 顶帽子就有 2 个 3 种不同的搭配。

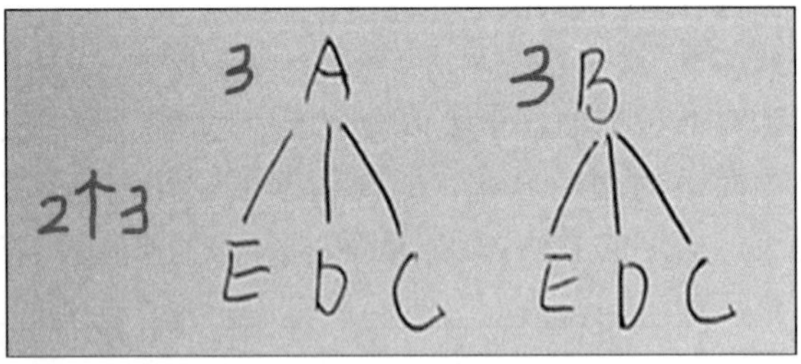

图 6　学生解读 2 个 3，教师批注

师：第 2 种方法又是什么意思呢？

生：D、E、C 分别表示 3 条裤子，用这 3 条裤子分别去搭配 2 顶帽子。

师：那每条裤子有几种不同的搭配呢？表达的是几个几呢？

生：每条裤子有 2 种不同的搭配，这里有 3 条裤子就是 3 个 2（如图 7 所示）。

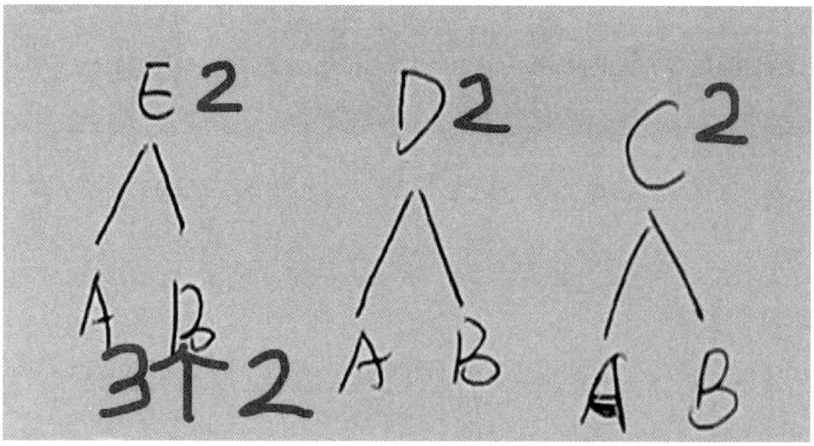

图 7　学生解读 3 个 2，教师批注

师：他用 2 种不同的方法既表达出了从帽子出发分别搭配 3 条裤子的 2 个 3，也表达出了从裤子出发分别搭配 2 顶帽子的 3 个 2。其他的方法有没有表达出这两个意思呢？

学生在理解了单个搭配的方法之后，利用刚才分析的经验，很快发现了从最简图中也能找到 2 个 3 和 3 个 2（如图 8 所示）。上台做小老师的学生利用优学派的画笔功能边讲边标注，从下往上看就有 2 个 3 种不同的搭配，从上往下看就有 3 个 2 种不同的搭配。

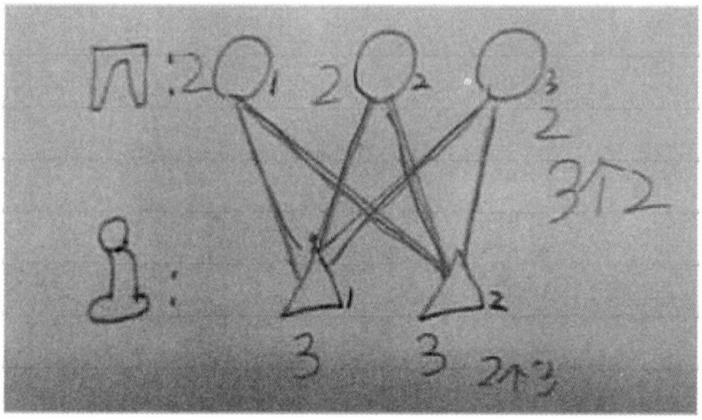

图 8　学生解读最简图

在这样的交流中，学生还发现不仅图形中能找到“2 个 3”和“3 个 2”，算式中、文字中也都能找到。在学生解读的同时，教师让全体学生结合手势，比一比，怎样看是“2 个 3”，怎样看是“3 个 2”。学生一边比，一边自动配音“唰、唰”，读一个“唰”就是“1 个 3”，非常形象地体验到了乘法的意义。这样的亲身体验使得学生的印象更深刻，数学方法的建模也顺其自然地完成了。

【评析】本课的数学本质究其根本就是搭配了“几个几”。教师同样运用学生的作品作为探究材料，在各种不同的图示中，在算式中，在借助手势的表达中，学生不断感受隐藏在背后的乘法意义“几个几”，让本课在这个环节完成了从图、文、式到本质的升华。

四、搭配后的反思：学问 3——有序思考

虽然大部分学生前测作业中的搭配结果都表达得比较完整，但也不排除部分学生搭配结果不全和搭配有遗漏的情况。为了让这部分学生跟上大家的步伐，掌握搭配的要领是设计这个环节最大的目的。

教师首先通过优学派的“作业讲评”功能调出搭配结果不全或者搭配有遗漏的学生作业（如图 9 所示）。

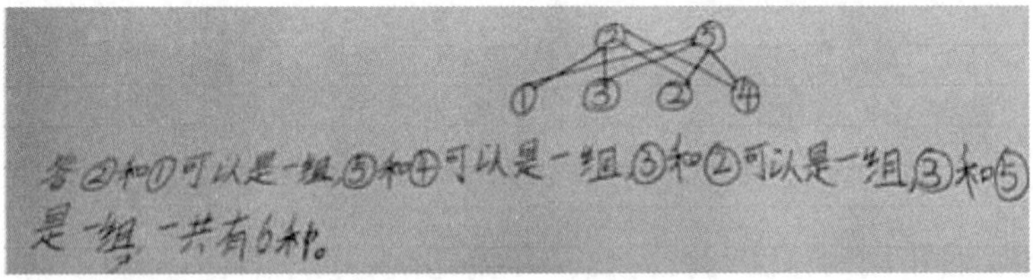

图 9　个别学生的典型作业

学生立刻发现了这位同学的表达和刚才的不一样，进而发现她多列了 1 条裤子，并且她的答案写的是 6 种，列举的却只有 4 种，不齐全。此时，有学生迫不及待地举手想要帮她修改（如图 10 所示）。教师抓住机会让全班学生对比修改前后有什么不一样的地方，并提问：你更喜欢哪种？为什么？学生通过对比辨析，明确了有序思考的重要性和必要性。

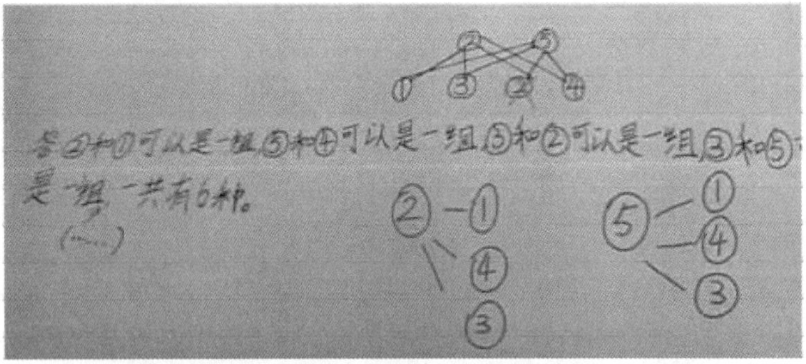

图 10　修改后的搭配

生：我更喜欢修改后的，因为它不仅简洁，而且还是按顺序搭配的。

师：按顺序搭配有什么好处？你们为什么更喜欢按顺序搭配呢？

生：因为按顺序搭配就不会少写一种，也不会多写一种。

师：也就是不会重复或遗漏。

【评析】此环节，教师利用学生前测作品中的错例进行了一次有效的反思活动。在对错例的讨论中，不仅加深了学生对于搭配的理解，还再次明确了搭配的原则“不重不漏”，而要做到这一点，有序思考和表达是必不可少的。

五、思维再现，方法沉淀

课堂练习是课堂教学的重要组成部分，恰到好处的习题不仅能帮助教师及时了解学生对本堂课知识点的理解、接受的基本情况，还可以帮助学生及时地了解自己有没有达到学习要求。本课新授结束后，教师利用优学派发送了学习任务，让学生通过“录屏”功能完成 2 种主食和 4 种炒菜的配餐问题。

运用本课学习的知识，学生先找到了搭配的标准是一种主食配一样炒菜，再惊喜地发现题目已经分好类了，可以直接开始搭配。

学生完成课堂练习后，教师挑选 4 位学生的搭配方式进行对比展示，再引导学生一一分析。首先让学生猜测作品想表达“几个几”，再通过观看录屏回放追溯该学生的思考过程。整个作业讲评环节都体现了“以学生为中心”的教学思想，同时在教师的引导下，学生的表达、解读都十分到位。

最后，教师将问题进行拓展：如果有 4 种主食，5 种炒菜，又有多少种不同的搭配呢？学生脱口而出：20 种。

师：怎么那么快？

生：就是 4×5=20。

师：4×5，怎么想的？

生：我用三角形表达主食，圆形代表炒菜，一种主食分别连 5 种炒菜。

师：1 种主食就有几种搭配？

生：1 种主食有 5 种搭配，画 5 条线，后面就不用画了，一定是 5 种，就有 4 个 5。

在这个过程中，学生虽然刚开始只说了算式，但其实搭配图、几个几早就在脑海里浮现了。

【评析】此环节的亮点在于教师对于优学派录屏功能的运用。基于传统的练习反馈，学生一般只能指着结果来表达自己的思考过程。而教师使用录屏功能，能根据需要提取播放任意学生的思考过程，将学生第一时间的原始思维过程进行再现，更有利于学生对他人思维方式进行解读，课堂在生生互动中也将思维方法进行了沉淀。

在数学课堂教学中融入现代信息技术，可以为学生营造一个图文并茂、有声有色的学习环境；为教师教学的顺利实施提供直观、形象的表达工具。本节课借助优学派实现了以学定教，也实现了学生从会学到“优学”的转变：首先，教学设计是在分析了学生前测作品具体情况和数据的基础上进行的；其次，实际教学中的每一个环节，教师都在根据学习的推进过程，不断选择有利于学生学习的前测作品作为学习材料来展开引导，这些来自于学生自己的作品更加贴近学生的思维，每一处学习思辨都能引起学生的共鸣，能激发学生在已有基础上的认知生发。而在此过程中，优学派的投票、录屏等功能，以一种更加智慧的方式让科技参与学习，并在学习中给了教师和学生更多的思路和空间，让教学更有效。

智慧引领，驱动学校发展

以信息化为抓手，促课堂教学改革

四川省巴中市平昌县第二小学　刘　华

一、学校教育信息化建设现状

四川省巴中市平昌县第二小学（以下简称平昌二小）源起于1965年的城关镇春光耕读小学，至今已有55年的办学历史（如图1所示）。学校背倚佛头山麓，濒临通巴二河，风景秀美、桂树成林、鸟语花香、书声琅琅、人文厚重。多年来，学校逐渐形成了以“馨德文化”为核心的教育观：秉承“立德为本，乐学成才”的校训，确立了“办馨德教育、育创新人才、建巴蜀名校”的办学愿景。学校坚持“放眼孩子未来世界，着眼学生终身发展”的办学理念，始终走在教育教学改革的前列，率先开展校企合作，引入先进的教育技术设备，致力于提升师生的信息化素养。近年来，学校先后成为中央电教馆“电化教育科学研究实验试点学校”“国家自然科学基金项目实验学校”，并先后荣获“四川省电化教育示范学校”“四川省首批教育信息化应用试点先进学校”等荣誉称号（如图2所示）。

图1　平昌县第二小学

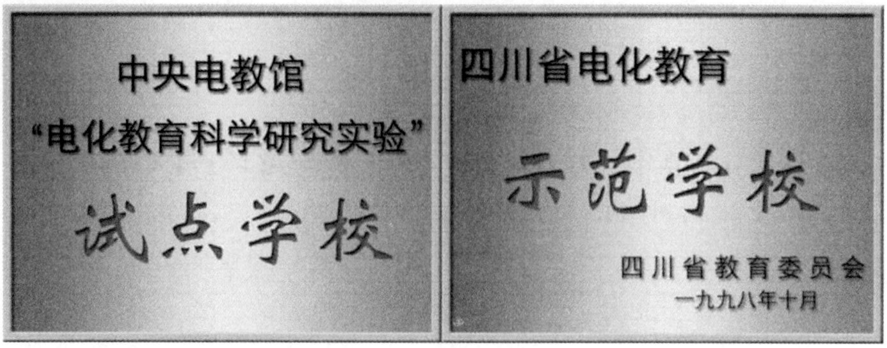

图 2　学校获得荣誉

“十二五”以来，学校积极推进“三通两平台”的建设与应用，有力促进了学校教育信息化的发展。到目前为止，学校已完成光纤接入，实现了百兆网络班班通、办公区域无线网络全覆盖。全校 65 间教室均装配有电子白板等多媒体教学系统，另外，学校还搭建了 3 间标准云课堂计算机教室、1 间智能录播教室、1 间高标准学术交流厅、1 间机器人创客教育教室，配备了 1 套 3D 打印学习系统。并为全校 238 名教师人人配备一台教学用笔记本电脑。

在此情况下，学校的教育管理模式也开启了“互联网+”的智慧模式。图书借阅管理、校园信息获取、公文流转等，都通过线上管理方式进行。信息技术的介入，使得学校的管理更加顺畅、更加迅捷而高效。

二、基于优学派开展智慧课堂教学实践

（一）几经波折，终成规模

课堂是学校教育的主阵地。学校搞教育信息化一定要有课堂的信息化。2015 年秋，经过多次考察和层层把关，学校和优学派达成合作协议。自此，学校教学真正开始了以信息技术为支撑的智慧课堂实践与研究。经过 5 年的推动，目前学校在一至六年级 18 个教学班的 815 名学生中进行着智慧课堂的教学实践与研究，实现了小学阶段的全年级覆盖（见表 1）。

表 1　学校在各年级开展智慧课堂实践的班额及人数

年级	一	二	三	四	五	六
班数（个）	4	4	3	3	2	2
人数（名）	185	180	163	142	71	74

其实，平昌二小的智慧教育探索原本起步于 2014 年，但由于当时的技术设备尚不完善，加上提供技术设备的企业不能提供驻校服务支持，教师在应用过程中遇到的问题没办法得到及时解决，最后导致问题堆积，应用无法继续，实践不得不终止。但是，学校借助信息技术进行课堂改革的初心并没有动摇。2015 年，经过多方摸索和思考，学校自主决定通过竞争引进合作企业，以便深入了解，做到对教师、对学生、对家长负

责。当时，参与竞争的共有四家技术企业，学校组织有意愿加入智慧教育实践的教师担任评委，把最终的决定权完全放手给教师，而领导完全不参与决策。最终，经过多方比选和了解，教师们选择了优学派，并在当年新招的一年级开设了两个优学派智慧课堂班级。与此同时，2014 年加入智慧教育实践的两个班级（当时已是二年级）也主动要求加入优学派智慧教育实践。于是，学校在二年级也有了两个智慧课堂班。

（二）自主自愿，家长信任

智慧课堂班级的组建，秉承“完全自愿，愿读尽读”的原则，学校把就读智慧课堂班还是常规班的选择权完全放给了学生和家长。每年秋季开学，学生和家长在详细了解实验班情况后自愿填写申请表格向学校提出入班申请。同时，学校将开学第一周设置为“犹豫期”，家长和学生可利用这一周的时间详尽考察、权衡利弊后再做决定。另外，我们在一年级还开通了智慧课堂班级和常规班级的互通管道，即这两种班级的学生在一年级可以有一次选择流动的机会。如此一来，学校取得了家长的信任和认可，他们给予了学校莫大的支持，这无疑是学校智慧教育探索之路畅通无阻的保障条件之一。

（三）落实制度，保障实施

有了家长的认可和支持，学校更需要努力做出成效，办让家长满意的智慧教育。

硬件设施方面。学生人手一个终端，学校也需要做大量的硬件筹备和改进工作才能让智慧课堂顺利运转起来。从全校网络改造到教室专网搭建、设备购入再到信息技术人员配备，学校协同优学派倾尽全力完成了前期的基础建设工作。

师资配备方面。教师是学校教育的主体，该给智慧课堂班级配备怎样的教师？这些教师该如何搭班？学校几经商讨，最终决定选取一批思想前卫、思维活跃的教师作为先行者。这样的教师敢于尝试、更易于接受新鲜事物。对于智慧课堂班级的教师，学校每年都会组织他们外出参加各级各类培训，接触当下最前沿的教学理念和信息技术。同时，学校会为他们提供更多平台和机会，如承担各级示范课等，促使他们快速成长。

组织管理方面。自决定组建智慧课堂班级开始，学校便成立了以学校校长为核心的智慧教育领导机构和以教务处、办公室、总务处、信息中心为骨干的智慧教育实施机构。为了明确智慧课堂教学应用要求，确保实现常态化应用，各部门协同制定了平昌县第二小学《智慧课堂使用管理办法》（如图 3 所示），并将各项工作提前落到实处。

智慧课堂实验班常规要求细则

【讨论稿】

一、口令： 静息—安静左侧趴在右手上。
坐直—双手放于桌面背打直。
123—请坐端！
小眼睛—看老师！
小嘴巴—快闭好！

二、有序课堂要求：

1.做好课前准备，平板电脑开机平放、当堂要用的书、笔放在指定位置（文具盒放在书柜里）。

2.静息等待老师到教室上课，老师进教室后听班长的指令起立！向老师问好、（老师好！）坐下！

……

图 3 《智慧课堂使用管理办法》

同时，学校秉承激励与考核并举的管理方式，制定了《翻转课堂智慧班实验教师考核办法》，从教学常规、专业提升、教学成果等方面对实验教师的智慧教育实践进行全方位考核，并将考核结果应用于学校的年度绩效考核、评优选模、评职晋级、外派学习人员的选定等，既做到了公平公正，又极大地促进了参与实践的教师的工作积极性。

（四）落实研究，促进应用

一切准备工作就绪后，我们就该聚焦课堂，进一步思考教师要如何使用优学派，才能最大限度地发挥技术与原有教学方式相结合的优势，让教学效果最优化。

最终我们决定将“智慧教育”项目作为课题来研究，并成立了课题组，让实践教师成为课题组成员，在研究中寻找应用路径。同时，利用学校的管理、评价制度，对教师的研究成果进行有效性评价和验证。就这样，在“研究—评价—整改—研究—评价”的过程中形成了符合平昌二小教学特色的“课前—课中—课后”三段式应用方式。

高效的课堂教学是建立在教师清晰把握教材脉络和学生实际情况的基础上的。因此，我们要求教师在课前要下足功夫：在准确把握教材脉络的同时，利用优学派的“前置预习和测试”功能，了解学生的学习起点后再进行二次备课，以确保课堂教学的内容是学生需要的内容，课堂教学的方式是能引发学生深度思考进而产生深度学习的方式，要让每一个学生在这节课上都有所收获和成长。

实践初期，对于优学派“前置预习和测试”功能的应用，多数教师只停留在数据的查看上，即只关心对错，忽略了思维的不同。如果一道题，全班的学生都做正确了，那教师就将其视为学生已经掌握的知识点，在课堂上是不会再重复讲解的。但是学生完成同一个任务的思路和方式可能不一样，也就意味着他们的思维方式和切入点可能也不一样。如何抓住这些不一样来开展进一步的教学，让学生在当前的思维层次上更进一步，这是在智慧课堂推进后期我们思考得比较多的问题，也将是我们今后的主要研究方向。

在教学中引入优学派的目的之一就是提升课堂效率，但影响课堂效率的因素众多，如学生的学习兴趣、学生的课堂专注程度、学生对问题和任务的反应速度、教师对课堂环节的把握，等等。总而言之，就是要以学生为主体组织和实施课堂教学。在优学派支持的课堂中，教师可以将学习任务设置成各种学习小游戏，提高学生的学习兴趣和参与度；同时教师可以利用随机抽取和抢答等功能来活跃课堂气氛，以保障学生的思维参与度；对于抽象的内容，教师还可以设计成互动探究任务，将抽象的内容放在具体的操作探究中，方便学生理解；对于师生互动的每一项任务，教师都可实时看到学生的完成时间和进度，以便把握课堂节奏（如图 4 所示）。

图 4　课中，师生互动

优学派在课后的应用，最大的作用是检测课堂教学效果，帮助教师对学生进行分层分类，以实施分层辅导。

1. 检测课堂教学效果

一般在课堂的最后一个环节，教师会针对当堂教学的每个知识点设置一到两题组成试卷发送给学生，通过正确率判断学生对当堂课内容的掌握程度。对于正确率较高的学生，教师直接给其布置课后巩固作业（纸质作业），而对于错误率较高的学生，教师再根据具体情况对其实施针对性辅导（一对一讲解或者微课讲解），最后再为其布置巩固作业。

2. 对学生进行分层分类

同一个班级的学生，学习能力、学习水平等都存在高低不等的情况，要想让每个层次的学生都得到相应的提高和成长，分层教学无疑是最好的办法。我们会在课程结束以后组织学生进行一次测试，根据测试结果对学生进行分层分类，再根据不同层次学生的学习能力和水平为其推送相应的学习和测试资源。

经过 5 年的研究，如今再提到优学派支持下的智慧课堂，教师们满是收获与喜悦：使用优学派才一个多月的崔老师发现，平台的及时评价和奖励功能，特别能激发学生的学习兴趣，吸引他们的专注力；覃老师认为，平台的名师课程资源丰富，不仅是学生自主学习的好帮手，还能成为教师备课的参考资源；应用经验丰富的数学“老”教师徐老师、梁老师觉得，利用优学派可以实现单元教学内容，甚至是各个教材版本内容的大整合，从而打破过往按教材编排内容依次教学的藩篱，实现单元整体教学；同样应用经验丰富的杜老师认为，优学派的“课前导学”板块，有助于帮助语文教师实现“以学定教”，“移动展台”的操作，能更有效地指导语文教学中的“随课微写”内容；丁老师则喜欢利用优学派自带的“资源库”，指导学生海量阅读，提高学生的阅读速度和阅读水平；英语胡老师指出：在课前预习中，“互动课本”帮了大忙，为学生在家的口语练习提供了很好的范本，也为他们在课堂上争当小老师创造了条件……

（五）师生发展，终见成效

1. 学校教科研水平得到提升

把“智慧教育”当课题来做，除了总结出优学派的教学应用经验外，学校教师的课题研究能力也得到了提升。由我校申报、学校智慧课堂班级任课教师担任主要研究人员的巴中市级信息技术教育科研课题《信息技术与培养小学语文核心素养深度融合的策略研究》顺利开题，并已通过中期评估。

2. 教师信息技术应用水平得到提高

在实验班这个“点”上取得一些成效以后，学校开始了“面”的策划，我们与优学派合作，建立了一个可以容纳 60 人的公共体验教室（如图 5 所示），平行班的教师在信息中心的协调下可以申请上课，希望借此路径改变非智慧课堂班任课教师的教育理念和教学思维，同时也为新一轮的智慧课堂实践储备优秀教师奠定了基础。

图 5　师生在公共教室上课

目前为止，在智慧课堂任课的教师中，有 1 人被县教育科技和体育局确定为特级教师、正高级教师后备人选，有 2 人被确定为省市级教学名师培养对象，有 4 人获得省市县级赛课等级奖。

3. 学生的综合素质得到发展

学校多次的统一测评数据显示，智慧课堂班级的学生在学业成绩方面的表现明显优于常规班级，他们的综合素养也实现了可视性的跨越：在代表我县参加的省市级“习主席用典”“经典诵读”“诗词大会”“宪法知识竞赛”知识竞赛等众多活动中，共计 23 人次获得了奖励。

4. 学校在当地的教育信息化影响力得以增强

近年来，利用学校作为市县两级示范学校、窗口学校的有利条件，我们连续 3 年承办了由市县级教育部门主办的信息技术交流会和现场会，向同行推广智慧课堂班级的教育教学成果；同时，学校多次与省内外名校开展智慧课堂教学研讨：2015 年，我校派教师赴成都市泡桐树小学西区分校观摩学习；2016 年，我校与广元东城实验学校结为合作伙伴，协作互助，致力于智慧教育的研究和推进；2017 年 5 月 26 日，我校与成都泡桐树小学西区分校成功举办了“智慧平台助力翻转课堂研讨会”，省、市、县共 300 多名领导和同行参会研讨，中央电教馆研究部领导及省市县领导亲临指导。

三、小结

点滴研究，汇聚成河，对于智慧教育的研究我们将会继续深入。但我们也深知，较发达地区的学校而言，处于秦巴连片贫困地区的平昌县第二小学的智慧课堂教育探索起步较晚，且差距还较大。未来我们要积极与实施智慧教育探索的优秀学校联动，以推动我校智慧教育更好、更快地向前发展。

推行智慧课堂，走向教育现代化

四川省广元市川师大万达中学　杨宇恒　李文宇

人类社会步入21世纪，以计算机、多媒体、网络通信等技术为标志的信息技术在全世界迅猛发展，为人们的生活带来了翻天覆地的变化。在教育领域，教育信息化建设是当前教育改革的重要内容，我们应该顺应时代的召唤，在教育现代化的浪潮中努力探索和实践，促进信息技术与教育的融合创新。基于此，本文从智慧课堂建设入手，浅谈我校推行智慧课堂，走向教育现代化的探索经验，希望为其他学校提供参考。

一、审时度势，立足智慧课堂

智慧课堂是利用大数据、云计算、物联网等新一代信息技术打造的智能、高效的课堂。其目的是基于动态学习数据分析和“云+端”的运用，实现教学决策数据化、评价反馈即时化、交流互动立体化、资源推送智能化，全面变革课堂教学的形式和内容，构建大数据时代的信息化课堂教学模式。智慧课堂既是信息技术在教育领域中的应用，也是解决传统教育弊端的重要途径。因此，学校建设智慧课堂是十分有必要的。

首先，从政策来看，国家高度重视教育信息化的发展。中共中央、国务院在《中国教育现代化2035》中指出，要加快信息化时代教育变革，利用现代技术加快推动人才培养模式改革，实现规模化教育与个性化培养的有机结合。教育部在《教育信息化2.0行动计划》中指出，没有信息化就没有现代化，教育信息化是教育现代化的基本内涵和显著特征，是“教育现代化2035”的重点内容和重要标志。在这样的背景下，学校积极开展智慧课堂建设，有利于探索教育信息化发展的新路径，促进信息技术在教育教学中的创新应用，助推学校教学走向现代化。

其次，从实践来看，传统教育弊端日益凸显，利用信息技术促进教育教学变革势在必行。传统课堂教学具有以教师为中心、以教材为中心、以课堂为中心的特点。教学往往表现为“三多三少”：一是教师讲授时间太多，学生思考时间太少。二是教师讲的知识点太多，对学生掌握学习方法、养成良好的自学习惯、提高自学能力所作的指导太少。三是学生作业量过大，做作业的时间太多，而用于课外阅读、拓宽知识面、参加实践活动的时间太少。这样的教育消磨了学生的个性，摧毁了学生的创造精神，让多数学生成为高分低能的应试机器。在此情况下，学校推行智慧课堂，以学生为中心展开教与学活动，能更好地促进学生进行自主学习、合作学习、探究学习，有利于促进学生的个性化学习，开发学生的学习潜能，培养学生良好的学习品质。

综上所述，学校立足智慧课堂，以智慧课堂建设助推教育现代化，既是政策要求，也是解决传统教育弊端的一种有效形式。著名心理学家、教育学家赞可夫曾说：“只有当教学走在发展前面的时候，这才是好的教学。”当前互联网、人工智能等新技术的发展正在不断重塑教育形态，知识获取方式和传授方式、教和学关系正在发生深刻变革。学校要顺应新的时代潮流，革故鼎新，让教学走在发展前面。

二、多管齐下，推行智慧课堂

（一）加强家校沟通，组建智慧班级

学校建设智慧课堂，会涉及额外的费用，必须得到家长的支持。学生基于智慧课堂进行学习，也需要家长与学校的密切配合。为此，学校首先要加强家校沟通，让家长知道什么是智慧课堂，以及智慧课堂对学生学习的作用，从而让家长支持学校推行智慧课堂。

学校可以召开家长会，邀请合作企业的技术专家，介绍什么是智慧课堂，并重点说明学生在智慧课堂环境下的学习会有什么变化，让家长感受到信息技术应用于教学的优势。也让家长知晓监管孩子在家运用平板电脑学习的方法和注意事项。此外，学校可以开展智慧课堂开放日活动（如图 1 所示），邀请家长亲临智慧课堂班级，安排教师呈现新颖、活泼、高效的智慧课堂教学，让家长在体验中感受智慧课堂的魅力。在家校沟通的基础上，学校再让家长与学生自主选择，自愿报名加入智慧班级。

确定智慧班级后，学校应完善硬件设施，将智慧课堂落到实处。智慧课堂教室需要安装“班班通”一体机等设备，接入高速网络，便于课堂上随时可以查阅与下载各类资料。除一体机设备外，学校还需要引进与智慧课堂相关的设备和软件，搭建信息技术、智能终端的软硬件平台，建设智能高效的智慧课堂教学环境。

图 1　学校智慧课堂开放日活动

（二）强化教师培养，培养智慧师资

学校教育依靠教师，智慧课堂的实施依靠智慧的师资。教研活动是促进教师提升教学能力的重要途径，学校要建立智慧课堂教研机制，加强校本研训，以各学科教研组为核心，开展听评研活动，组织智慧课堂专题研讨活动、观摩课、示范课、研讨课等多种教研活动（如图 2 所示），激发教师深入学习智慧课堂教学的热情，加强教师对智慧课堂教学的研究，提升教师的智慧课堂教学能力。

图 2　智慧课堂专题研讨活动

学校可以通过组织教师外出培训学习、邀请专家到校开展讲座等方式，对智慧班级教师开展智慧课堂教学技能的培训。学校还可以举办或承办智慧课堂赛课活动，为教师搭建展示与锻炼的平台。总之，学校应通过系列活动，促进教师开展智慧课堂教学与研究，逐步建设一支卓越的智慧课堂师资队伍。

（三）建立管理机制，落实智慧管理

学校要制定《智慧课堂管理办法》，建立与实施智慧课堂管理机制，明确“智慧课堂”使用要求和考核办法，要求智慧班级任课教师严格遵守制度，在确保教学进度的基础上，全面践行智慧课堂教学（如图 3 所示）。学校可以把教案设计、课件制作和智慧课堂使用情况作为教师考核评价的一项依据，鼓励教师在教学实践中将信息技术与课堂教学相结合。同时，学校要建立专门的领导小组，监督与评价教师的智慧课堂教学过程，加强对智慧课堂的课前管理、课堂管理、课后管理，激发教师的积极性，促进智慧课堂的切实推行。

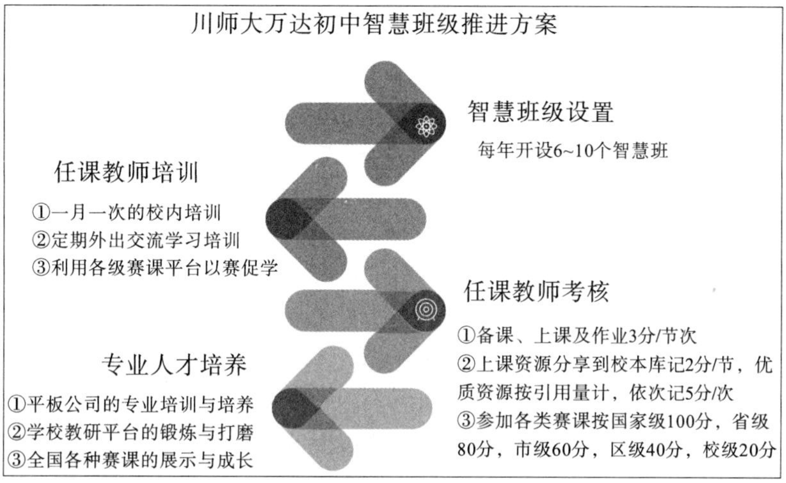

图 3　学校智慧课堂推进方案

（四）建构课堂模式，提升教学效率

我校通过探索与实践，得出智慧课堂的“四智”教学模式：预习智测→引导智学→创设智升→拓展智练（如图 4 所示）。

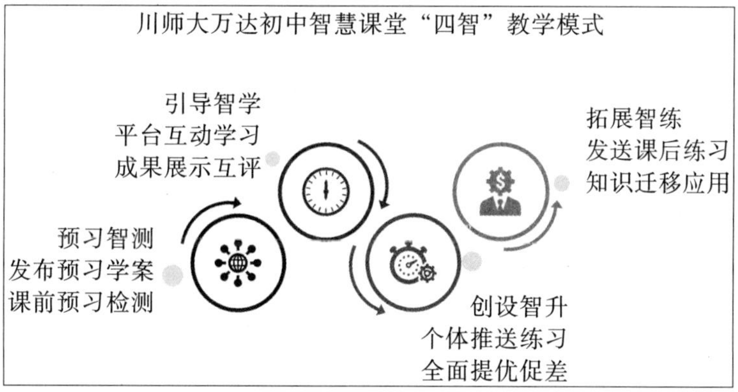

图 4　智慧课堂的“四智”教学模式

“预习智测”是指先学后教，新课教学前教师在平台上发布预习学案，引导学生自主预习、熟悉教材，准备相关学习资料。教师上课前或上课初登录平台检查学生的预习成效，再根据预习反馈确定或调整教学目标、内容与方法。“引导智学”是指在智慧课堂环境下，应用教学辅助工具，巧妙引导学生开展思考、小组合作学习，发表理解与评论，展示自己的学习成果等。“创设智升”是指教师观察并思考课堂教学中学生学习的成效，根据学生学习的需要，推送个性化学习材料，促进学生进行个性化学习，让学生学得更扎实，学科素养得到全面发展。“拓展智练”是指应用平台布置练习，引领学生迁移运用知识，巩固课堂教学知识。这个环节可穿插在课堂教学中间各个环节，也可以放在课后。

（五）开展课题研究，探索科学方法

实践需要理论的指导，理论的科学性也需要实践的检验。学校可以围绕智慧课堂申报和开展课题研究，探索和建立各学科智慧课堂教学的资源体系，为教师的教和学生的学提供丰富资源。也可以在校内开展小课题研究，鼓励教师探索校本化的智慧课堂教学模式，探索智慧课堂环境下小组学习策略，探索基于智慧课堂的作业布置策略，探索智慧课堂教学管理策略，探索智慧课堂教学评价机制等，并将研究成果付诸教学实践，引领、推进智慧课堂建设。

三、反思总结，成就智慧课堂

信息技术是一把双刃剑，在课堂教学中运用得恰到好处，可以提高我们的课堂效率，起到事半功倍的效果，否则就会事倍功半，降低课堂效率。各个学科有其独特的特点，有不同的教学规律，我们要研究不同学科知识呈现的特点、学生思维的特点、知识训练的特点、技能培养的特点等，科学有效地把信息技术运用到不同学科的教学中，使信息技术真正为学科教学服务。我们在智慧课堂实践中需谨记：信息技术手段如果不适合该教学内容与环节，宁可不用；信息技术手段如果不能增效教学，宁缺毋滥。要想智慧课堂获得良好的效果，我们应遵守以下三个原则。

第一，开展智慧课堂教学要遵守信息化原则。信息化原则是指教师在组织教学时要合理运用信息技术，创新知识的呈现方法，适当增加知识含量，使用信息技术评价反馈教学，提高教学效率。智慧课堂是基于信息技术的教学，教师在设计教学方案时，要研究学生的学习需要，研究教学内容的特点，把信息技术作为教学的重要手段。教师在开展教学时，要熟练运用信息技术，让学生在信息技术环境中习得知识，展示才干，锻炼思维。只有遵循信息化原则，我们的课堂才叫智慧课堂，才能实现信息技术与教育教学的融合创新。

第二，开展智慧课堂教学要遵循民主性原则。民主性原则是指教师在教学活动中要尊重学生的主体地位，创设师生双向互动、学生主动学习的教学环境。在教学活动中贯彻民主性原则，教师要和学生共同确定教学目标，交给学生选择教学内容的权利，和学生一起确定有效的学习方法，为学生设置分层作业，让学生拥有选择适合自己的作业的权利。只有遵循民主性原则，智慧课堂才能赢得学生的信任和支持，才能体现以生为本、以学定教的教育理念，才能真正调动学生学习的积极性，增强学习效果。

第三，开展智慧课堂教学要遵守差异性原则。差异性原则是指教师从学生的个体差异出发，因材施教，使每个学生都能扬长避短，获得最佳的发展。落实差异性原则，就要求教师根据班级学生的学情，确定恰当的教学目标，选择恰当的教学内容，运用恰当的教学方法，设置恰当的练习。同时，还应根据学生学习水平的差异性，合理利用信息技术对学生进行个别化辅导。信息技术为教师掌握学生学习差异、了解学生学情数据提供了良好手段，在智慧课堂的各个教学环节中，教师要合理运用信息技术手段开展差异化教学，促进全体学生都学有所成。

“路漫漫其修远兮，吾将上下而求索。”智慧课堂的研究与实践才刚刚起步，教育信息化、教育现代化的征程还很遥远，我们应该不懈探索、开拓进取，不断描绘智慧课堂的新图画，为祖国教育现代化作出贡献。

参考文献

1. 中华人民共和国教育部. 教育信息化 2.0 行动计划 [EB/OL] 2020.11.24. http://www.moe.gov.cn/srcsite/A16/s3342/201804/t20180425_334188.html.

2. 中共中央、国务院. 中国教育现代化 2035 [EB/OL] 2020.11.24. http://www.moe.gov.cn/jyb_xwfb/s6052/moe_838/201902/t20190223_370857.html.

3. 孙曙辉，刘邦奇. 智慧课堂 [M]. 北京：北京师范大学出版社，2016.

落实智慧课堂建设　推进课堂教学改革

——西乡县金牛小学实施智慧课堂试点经验概述

陕西省汉中市西乡县金牛小学　唐世新

陕西省汉中市西乡县金牛小学（以下简称金牛小学）位于西乡县城，是一所县直完全公办小学。金牛小学现有教师88人，教学班35个，学生1980人。在西乡县教育体育局的领导和西乡县电化教育中心的鼎力支持下，金牛小学从2018年9月开始引入优学派，启动以优学派为技术支撑的智慧课堂建设试点工作，并选取当时的三年级（5）班（现为五年级）作为试点班级。经过一年的应用实践，金牛小学的智慧课堂试点工作取得了初步成功，到2019年9月，陆续有其他班级的学生、家长主动要求加入智慧课堂班级，在新媒体新技术新设备的辅助下开展学习活动。到2020年9月，学校智慧课堂班级大规模拓展，并且经过教师们的不断研究和实践，学校形成了“先学后教、以学定教”的智慧课堂教学模式；同时，学生的学习能力、思维方式等综合素养也有大幅度提升。

一、开展课堂改革的背景

互联网、手机、平板电脑等信息技术的高速发展，给我们的生活、工作、学习带来了巨大的改变，老百姓足不出户就可以买到心仪的物品，企业老板在办公室就能和远在千里的合作伙伴达成战略协议，学生在家就能和教师、同学完成交流讨论，获得学习成长。同时，在“互联网+”大背景下，学生获取知识的途径早已不再局限于学校、教师和课本，这也对学校教育以及教师的教学提出了新的要求。作为学校管理者，面对学生日益增长的多样化的知识获取需求、未来社会对人才的迫切要求，我们不得不在当前局势下认真思考学校教育教学的转变问题。

2018年，教育信息化已从1.0时代过渡到2.0时代，智慧校园、智慧教育、智慧课堂已成为未来教育发展的必然趋势。教育部陈宝生部长曾说：“课堂是教育的主战场，课堂一端连接着学生，一端连接着民族的未来，教育改革只有进入到课堂的层面，才真正进入了深水区，课堂不变，教育就不变，教育不变，学生就不变，课堂是教育发展的核心地带。”于是，在2018年9月，金牛小学在全县率先引入优学派并选取当时的三年级（5）班作为试点班级开始了智慧课堂的实践与探索。

二、课堂改革举措

（一）思考：希望借助课堂改革解决什么问题？

在过往的教学中，往往是教师教什么，学生就学什么，倘若哪天教师不教了，学生就不能学了，这就造成：一是学生不知道学什么，二是学生不知道怎么学。总之，学生的“学”是完全围绕着教师的“教”展开的，所以“教师满堂灌，学生兴趣低”成了以往教学的常态现象。在这样的情况下，学生的主观能动性得不到调动和激发，思维局限在教师的引导和课本的框架下，发展空间狭窄，创新能力和学习能力自然得不到提升。总之，教师的“教”应该围绕学生的“学”展开。教是为了学生更好地学，教的内容应围绕学生的最近发展区展开，而不能本末倒置。

（二）思考：什么样的模式能解决这些问题？

基于以上问题，金牛小学在优学派的支撑下，提出了“先学后教，以学定教”的教学改革措施：即学生在课前预习课本内容的基础上完成教师布置的预习检测题（主要目的是检测学生在家自主预习的效果），教师通过平台的自动批改和统计，提前了解学生当前所处学习水平，并根据学生情况进行二次备课；课堂上，教师以学生自主学习后还存在的问题为切入点，解决学生当前困惑；再围绕学生的最近发展区组织课堂活动，引导学生在自主思考探究的基础上进行小组合作讨论，形成统一意见；展示汇报时，教师退居“幕后”，把课堂交还给学生，有人展示，有人质疑补充，有人评价，学生的学习主体地位得到充分体现。教师在课中的作用仅仅是一个引领者、组织者和评价者。

长期实践下来，我们发现“先学后教，以学定教”的课堂在激发学生的学习兴趣、发挥主动性方面起到了很好的作用。在这样的课堂中，学生都需要有自我的思考才能在小组讨论或者展示交流时有话可说，慢慢地，学生不仅身体动起来了，心也跟着动起来，思维也动起来了。同时，在优学派的支持下，课堂内外教师对学生的评价都更趋于过程性、可视性，这样的外部刺激对学生的激励作用也是相当大的。

（三）实施：如何才能推动课堂改革顺利进行？

1. 上级领导重视，做好前期准备工作

西乡县教育体育局领导高度重视县域内的智慧课堂建设，在学校成立优学派智慧课堂班级前期，先后多次亲自前往学校调研、参与学校讨论。西乡县电化教育中心先后召集 4 家技术支持企业到学校进行现场展示和论证，组织领导、教师召开竞争性谈判招标会，最终确定“优学派”为学校智慧课堂的技术提供方。可以说智慧课堂项目能在我校成功落地并实施，是因为背后有一个敢担当、敢为人先的教育体育局领导班子在默默支持。

2. 强化引导，获得家长支持

实施智慧课堂必须得到家长的理解与支持。智慧课堂班级成立之时，学校先后两次召开三年级家长会，为家长讲解学校实施智慧课堂的目的、优学派在其中所起的作用、智慧课堂班级的教学理念等，并及时就家长提出的“使用平板电脑后，学生会不会沉迷于打游戏、浏览不健康网站”“会不会影响学生视力”等密切关心的问题给出具体答复。

最后遵循“学生自愿、家长同意、先行试点”的原则，经家长主动申请、学校依次审核，组建了金牛小学的第一个优学派智慧课堂实验班。

3. 配备教师，强化前期培训

智慧课堂试点工作一定要做好，才能使这个项目继续稳步推进。所以试点班级的教师选择尤其重要。经过再三权衡，学校选派责任心强、业务能力过硬的 3 名县级以上名师、教学能手分别担任语文、数学、英语学科的教学工作，并在学校正式开学前召集三名教师开展了为期 3 天的集中应用培训；召集试点班的学生开展了为期两天的使用培训，以确保正式开课后师生能快速熟悉新型的课堂教学模式。

4. 加强研究，确保用好见效

学校高度重视智慧课堂的应用研究工作，为此学校成立了专门的教研组，由校长亲自领导，定期进行教学研究进展汇报。通过“以研促教”的教研方式，学校在前期及时纠正了“穿新鞋、走老路”的应用模式，杜绝了“师生拿着现代化的设备，仍按原来教学思维模式进行教与学”的现象，总结并形成了“先学后教、以学定教”的全新课堂教学模式。学校申报的基于优学派智慧课堂应用的课题《智慧互动课堂小学语文教学应用驱动研究》已被汉中市教育信息化管理中心列为汉中市教育信息化“十三五”规划课题。

三、优学派智慧课堂实践成效

（一）教育质量大幅提升

从测试结果来看，优学派智慧班学生的语文、数学、英语三个学科平均分均超出了同年级非实验班 5 分以上，其中优秀率、合格率、平均分三项评价标准均位列全县第一。从平时的课堂来看，学生的学习积极性高，学习主动性强，思维能力、口头表达能力和讲解能力均强于非实验班学生。

（二）教师教学理念得以转变，专业能力得以提升

在以往的教学中，教师总是习惯于“大量准备（备课）—大量讲解（上课）—大量作业（课后）”这样的教学模式，即便在引入优学派后的一段时间内，教师也难以改变这样的教学习惯。但是，在优学派的引领下、在学校的要求下，智慧课堂班的教师开始感受到“先学后教，以学定教”的好处，即充分利用数据了解学生的学习情况，进而指导教学更精准地展开：学生全会了的教师不讲，个别不会的单独讲，大部分不会的重点讲。这样下来，教师比以往轻松了不少，课堂容量增加了，学生的学习成效也提升了。目前，在“先学后教，以学定教”理念的指导下，我校已有 8 名教师的论文（共计 22 篇）、教学设计、教学课例等获得国家、省、市级奖项。

（三）学生喜欢，家长认可

学生是学校教育的主体，家长是学校教育的主要参与者和监督者，不论什么样的教育改革，首先要得到学生和家长的喜欢和认可，才能继续推动下去。在 2 年的实践中，学校通过定期的家长开放日活动邀请家长走进课堂，亲自体会智慧课堂与一般课堂的区别，感受学生在课堂中的表现和变化，加之学生学业成绩的稳步上升，智慧课堂班的所

有家长都对这项工作给予了充分的认可。这也促使许多非智慧班的家长由原来的观望、怀疑慢慢转变为支持、信任，每学期开学，学校都会陆续接到不少家长提出加入智慧课堂班级的申请。目前，学校“以智慧课堂实践推进课堂教学改革”工作正平稳有序地推进。

（四）金牛小学课程改革得以推动

优学派支持下的智慧课堂展现出来的高效、及时、精准等特性让全校教师都体验到了“互联网+平板电脑”给他们的教学工作带来的极大便利。学校教师自发组织，以智慧课堂的教学模式为例，就课堂中如何激发学生的学习兴趣、发挥学生的主观能动性，促使学生课堂主体身份得以确立和教学任务如何设计才能做到教师少讲、精讲，学生高效学、高效练等展开了大规模研究。教师们以“如何才能让学生喜欢上课堂、如何促使学生展开高效自主的学习”等课题掀起了金牛小学的教科研热潮。

四、对借助优学派实施智慧课堂的几点思考

（一）要处理好平板电脑作业与书面作业的关系

既然通过优学派完成作业简单又方便，是不是就可以不再布置书面作业了？这是我们在实验初期思考最多的问题，当然答案是否定的！对于技术的应用，我们应该择其优势，摒其劣势。一堂课时间有限，假如我们需要快速了解学生的学习效果，我们可以利用优学派发布一些客观试题，系统的自动批改与快速统计能让教师立马了解学生的学习成效，方便教师进行下一步的教学活动。如果学生需要大量书写，则可以在作业本上书写后利用优学派拍照上传，系统帮助教师快速收集学生答案，便于师生交流讨论。因此，到底是布置书面作业还是平板电脑作业，需要教师认真思考此次作业的目的，需要达成的目标等再做选择。另外，小学阶段是培养学生书写好习惯的关键时期，教师更应该平衡好平板电脑作业与书面作业之间的关系。

（二）要处理好直观呈现和抽象思维训练的关系

优学派平台的互动教学组件可以将某些抽象的内容具象化，让学生在具体的情境中去感受和体验，变抽象为具象，便于学生理解。但是，直观教学只是一种手段，培养学生的抽象思维能力仍然是教学目标，因此该如何利用平台化解抽象与具象的关系也是我们一直在思考的问题。绝不能在学生还没有充分思考的情况下就立即直观呈现，这样只是简单地将问题简化，会让学生产生依赖思想，更不利于抽象思维的培养。因此，在日常的教学中，教师应注意：该让学生动手的要动手，该让学生想象的要想象，不能简单地把过程、结果直接用平板电脑呈现出来。

（三）要处理好电子课本与纸质课本之间的关系

优学派平板电脑里配备了与教材完全配套的教材、课程资源，是不是一节课就不用纸质课本了呢？答案同样是否定的！智慧课堂中以教师为主导、以学生为主体、以技术为教学服务的宗旨不能变，课堂的三维目标不能变，语文、英语中对学生听说读写能力的训练不能变。我们认为电子教材要与纸质教材平衡使用，平板电脑只是辅助学习的工具，可在学生初次尝试时使用，学习活动结束后，学生该在课本上标注的必须标注、做

好笔记，课本上的习题还必须要让学生用笔作答，以便于后期复习。

（四）要处理好课前、课中、课后三者之间的联系

优学派教师端分为“课前、课中、课后”三个板块，“课前板块”主要用于给学生布置预习任务，为学生提供自主预习的平台，同时学生自主预习的效果如何，教师可以通过“课前板块”给学生布置检测试题来了解，平台自动批改统计后的数据可以为教师二次备课提供依据；课中，教师主要以精准教学为目标，通过分析学生课堂练习数据来掌握学习情况，为顺学而教提供数据支撑；课后，学生利用优学派进行拓展学习，教师可以设置个性化的作业来满足不同学生的学习需求。初次接触优学派的教师总想着从课前、课中用到课后，但技术与教学的融合不是一朝一夕之事，教师大可不必操之过急，可根据当前的教学习惯，选择一到两个应用场景持续尝试，直到熟练之后再增加应用场景，这样才能做到扎实、稳定应用。

融技术回归课堂，用智慧点亮未来

——教师机应用推进的实践与思考

四川省成都市泡桐树小学西区分校　杨明忠　周　英

一、实践背景

成都市泡桐树小学西区分校自2008年建校以来，一直秉承“以教育信息化推动教育现代化”的教育改革思想，全方位建设未来学校。自2013年引入优学派以来，学校以常态应用为基础，通过多级课题研究与实践，总结出具有本校特色的智慧教育常态应用范式，形成了基于网络学习空间的生态教学系统（如图1所示）。

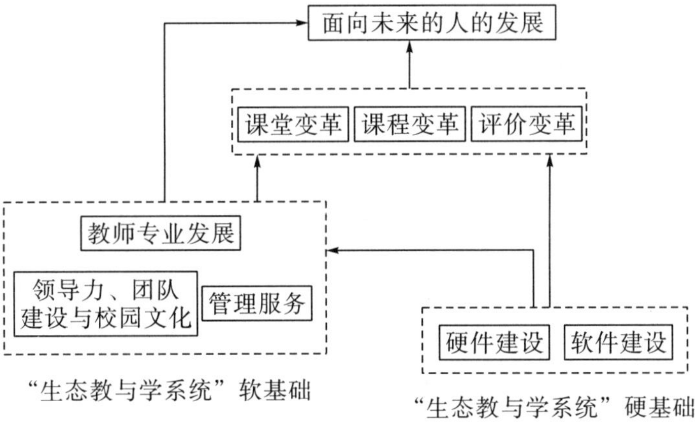

图1　生态教学系统的软基础与硬基础

经过长时间的探索与实践，学校教育信息化建设受到越来越广泛的关注，获得了多项荣誉（如图2所示）。作为教育部全国基础教育信息化应用典型案例学校和教育部科技司“全国中小学校长、骨干教师网络学习空间人人通专项培训”基地学校，学校每年都会接待来自全国各地甚至国外的部门领导、专家学者、学校领导和教师的参观访问。

图 2　学校教育信息化建设的荣誉

虽然学校时刻牢记“为学生最大可能的发展负责”的办学目标，将“以学生为中心”的教育理念贯穿于教育信息化建设的全过程中，但对于小学低段学生来说，由于低段学生好奇心强，活泼好动，自律性较差，容易受到新事物的影响。所以如何借助信息技术设计灵活有趣的课堂教学活动，且又不过分吸引学生对新事物的注意力，一直是学校低年级信息化建设的难点所在。

在这样的背景下，优学派教师机以其资源丰富、功能便捷的特点，引起了学校的关注。基于优学派教师机投屏演示系统，教师可以采用不同的教学方法与策略，灵活调用教师机内置的教学资源与工具，让低段学生感受到课堂的生动性、互动性与趣味性。所以，继引入优学派学生机项目取得瞩目成就后，学校在明确“教师主导+学生主体”的课堂角色定位后，于 2020 年 5 月给 2019 级的 17 个班级配备教师机，让低段的师生充分享有信息化的教与学环境。

二、教师机应用推进的实践策略

（一）教师机应用培训

为了推动学校低段教师应用教师机，根据《教育部关于实施全国中小学教师信息技术应用能力提升工程 2.0 的意见》《四川省中小学教师信息技术应用能力提升工程 2.0 实施方案》等文件精神，学校在 2020 年 7 月至 8 月期间，对 2019 级 23 名语文和数学教师进行了系列化的教师机应用培训。

教师机应用培训包括线下培训和线上培训。线下培训旨在让教师熟悉教师机的功能，知道如何进行操作（如图 3 所示），线上培训包括熟悉上课操作、资源选择、题型制作、作业讲评、学习总结 5 个主题（如图 4 所示）。

图 3　教师机应用线下培训

时间主题	研修内容	考核内容
第1周：上课操作 7月13日至7月19日	在家模拟上课环境，实现平板投屏	模拟场景
第2周：资源选择 7月20日至7月26日	熟悉教师机三个平台的资源，结合教学实际选择应用	请选择适合本学科的资源
第3周：题型制作 7月27日至8月2日	掌握教师机常用题型的制作，并发布作业	制作题目，发送作业
第4周：作业讲评 8月3日至8月9日	模拟学生作答检验作业设计，完成作业批改，设计作业讲评	提交、批改、讲评、作业
第5周：学习总结 8月10日至8月16日	总结阶段学习成果	在线参与讨论

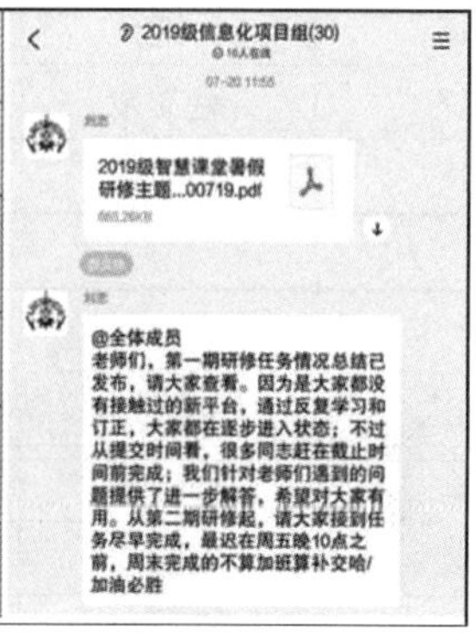

图 4　教师机应用线上主题培训

（二）“五个 1”工程规划

根据学校 2020—2021 学年度第一学期教学重点工作计划的相关要求，2019 级教师以学科组为单位，围绕本学期校本研修品质提升的“五个 1”工程规划，开展集体研修，并将教师机的应用融入其中。

1. “一周一课”活动

“一周一课”活动是指二年级语文和数学组教师每周至少各有一位教师应用教师机进行教学，本年度第一学期“一周一课”计划表已形成（见表 1）。为确保每位教师将“一周一课”活动落到实处，学科组、教学管理部、名师工作室每周跟进一名新进、问题改进或骨干教师，通过深入课堂、走进学生、翻阅作业、开展谈心谈话等方式，多方位了解每名教师“一周一课”的开展情况。

表1　本年度第一学期二年级“一周一课”排课表

二年级数学“一周一课”计划表					
周次	执教教师	执教课题	星期、节次	上课地点	教学媒介
2	周炯	星星合唱队	周三第3节	2.10教室	教师机
3	苟良婷	小小商店	周三第3节	2.2教室	教师机
4	李容	有多少块糖	周三第3节	2.3教室	教师机
7	吴美枢	儿童乐园	周三第3节	2.4教室	教师机
8	吴安靖	数松果	周三第3节	2.5教室	教师机
9	赵文婧	回家路上	周三第3节	2.7教室	教师机
10	陈冰倩	动物聚会	周三第3节	2.11教室	教师机
11	苟良婷	数松果	周三第3节	2.12教室	教师机
12	吴美枢	需要几个轮子	周三第3节	2.8教室	教师机
13	赵文婧	分香蕉	周三第3节	2.14教室	教师机
14	陈冰倩	课间活动	周三第3节	2.11教室	教师机
15	苟良婷	教室有多长	周三第3节	2.2教室	教师机
16	吴美枢	1米有多长	周三第3节	2.4教室	教师机
17	赵文婧	课桌有多少长	周三第3节	2.7教室	教师机
18	陈冰倩	分物游戏	周三第3节	2.11教室	教师机

二年级语文“一周一课”计划表					
周次	执教教师	执教课题	星期、节次	上课地点	教学媒介
2	珂艺滔	梅花	周五第4节	2.2教室	教师机
3	孔洋	我是什么	周一第1节	2.3教室	教师机
4	余艾格	登鹳雀楼	周四第1节	2.8教室	教师机
7	代婧	植物妈妈有办法	周四第1节	2.1班教室	教师机
8	徐琴佳	日月潭	周二第2节	2.4教室	教师机
9	徐琼	雪孩子	周三第1节	2.5教室	教师机
10	章丹	朱德的扁担	周四第1节	2.9教室	教师机
11	陈雅婷	雾在哪里	周三第1节	2.6教室	教师机
12	周芳芳	寒号鸟	周二第1节	2.7教室	教师机
13	何智玉	坐井观天	周三第1节	2.10教室	教师机
14	万琪	植物妈妈有办法	周一第2节	2.2教室	教师机
15	梁雪梅	我要的是葫芦	周四第1节	2.15教室	教师机
16	沈倩	玲玲的画	周二第2节	2.3教室	教师机
17	林琴	狐假虎威	周三第2节	2.8教室	教师机

在全面了解教师应用教师机开展“一周一课”活动的同时，各学科组重点关注新教师的成长，具体以上课、讲座、磨课、练习设计等为抓手，关注新教师的备课质量、上

课方式以及基本功的修炼，引导新教师尽快“入格入境”。

2. 每月一次主题研讨活动

学校每月组织一次集体研讨活动，通过做好学科拓展的研究与备课工作，促进校级教研集体备课模式的规范化，促进教研组内教研工作的落实。备课内容含教材研读，课前、课中、课后导学单的设计，每周一练设计，作业设计等。教研组内开展校本教研时，以主题沙龙形式展开，主题包括年轻教师教学中的疑问、骨干教师的教学思考和教师在阅读书籍中产生的感悟等。组长积极组织与策划研讨，发挥最大的撬动力，促进年级组的内涵式发展。教师机的应用贯穿主题研讨的全过程，教师可应用教师机进行拍照、勾画批注，展示小组讨论形成的思维导图。例如，本学期二年级教研组围绕主题“支持学习”展开了一次集体研讨，教师研读文件，用教师机展示了不同小组的想法（如图 5 所示）。

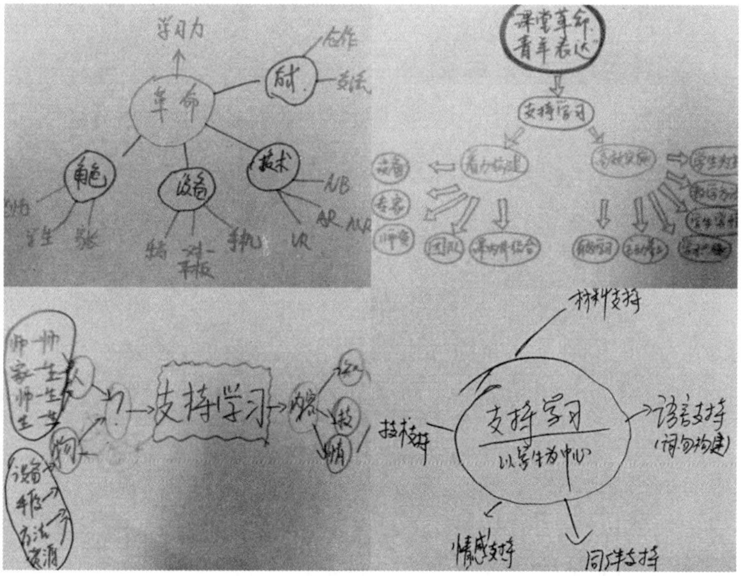

图 5　教师机拍照展示各小组对“支持学习”的理解

3. 每人每学期一节精品课

学校要求以学科组为单位，让每位教师每学期应用教师机上好一节精品课。

学校要求各学科年级组长发挥个人能动性，通过深入课堂、人文关怀、搭建平台等方式，激发教师研究与实践的活力。每当年级组内有教师应用学校现代化教学设备（智慧课堂教师机、智慧课堂学生机、听评课系统等）进行授课，开展基于小学低段学生学习特点的实践性研究时，年级学科教研组应在授课前、授课后基于课例进行研讨，集全体教师智慧打磨精品课，从而确保本学期中每位教师都能产出一节教师机应用精品课。截至 2020 年 9 月 30 日，学校二年级已使用教师机完成 43 节常态课应用，布置作业 74 次（如图 6 所示）。

图 6　教师开展基于教师机的常态课探究

4. 每组每学期一节汇报课

学校要求每学期各年级组“产出”一节高质量的校本研修汇报课。汇报课主要在各类赛课活动、名师导教、参观来访、区级及以上教研活动中进行展示和汇报。在实施过程中，年级组全员参与说、看、评、写，积极开展教学研究，确立有前瞻性与实效性的研究主题与课例。在此基础上共同推选出一节优质汇报课，形成一人上课全员成长的发展模式，实现团队研究力的共同提升。本学期各年级组在“一周一课”的基础之上，以赛课为抓手，推动此项工作的进展。

5. 每学期一次教师教学节

在本年度第一学期的教师教学节中，学校要求教师分享个人论文成果或讲好一个教学故事（教学案例、精彩生成、技术亮点、课后反思）。在本年度第二学期，学校要求教师在“一周一课”课例研究的基础上，产生优质课例，于教师教学节中进行展示。

关于论文成果分享或讲好一个教学故事，教师可以在月随笔的基础上精心选点，也可以从教育教学书籍、期刊中挖掘研究主题，或者以教学中遇到的问题为研究起点，寻找解决问题的路径，在此基础上形成论文、教学故事。目前，学校还未开始收集二年级教师以教师机应用为主题的相关论文或教学故事。就学校以往整体情况来看，教师以教育信息化为主题开展教学与研究生成论文共计 124 篇，占全校论文发表总数量的 80%（如图 7 所示）。

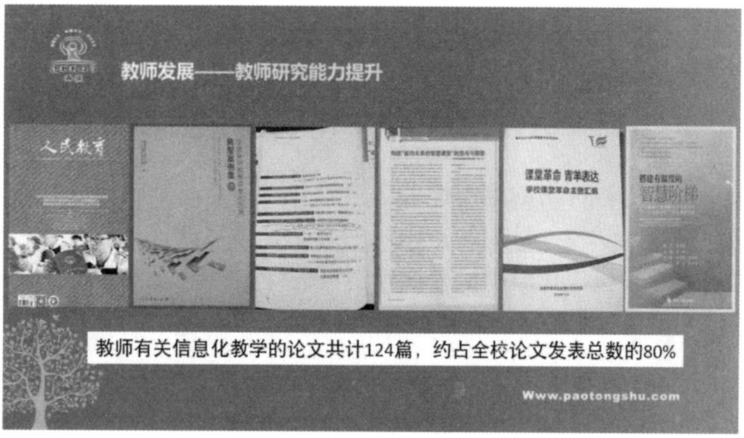

图 7　教师研究能力提升

三、评价反馈

目前，经过一段时间的应用，学校二年级教师、学生和家长对教师机的认可度非常高。

语文珂老师在教学中注重培养学生依据原文寻找关键信息的能力。在以往教学中，学生在书上勾画批注容易将课本画得乱七八糟，在一体机上进行勾画操作时，一体机屏幕较大，不便于学生自由勾画，偶尔会出现触屏反应不灵敏以致勾画结果延迟显示的情况。现在借助教师机，珂老师可以在教师机上进行批注，同步显示到讲台的大屏幕上；在座位上的学生也可以在教师机上自由批注，节省了从座位跑到讲台的时间，在她的课堂上，学生的思维更加灵活，师生关系也更加亲近了。

数学周老师一直坚持在课堂上将学生的作业转化为课堂教学的素材，启发学生围绕作业进行讨论。在以往教学中，周老师想要呈现多名学生的作业时，必须通过实物投影仪连续拍照进行对比展示，操作烦琐，一旦要展示更多作业时又要重新收集作业本。自从在课堂上使用教师机后，她可以对学生的作业进行拍照对比，及时捕捉学生课堂生成的资源，学生在这样的教学中更加乐于分享和表达。

学生的课后作业一直都是家长关心的焦点。现在家长关注微信公众号后，就可以及时收到教师发布作业的提醒，再也不用在家长群里询问孩子作业的内容了。家长通过手机微信小程序登录学生账号，就可以查看作业的具体内容，并根据要求督促孩子完成作业。特别是一些需要拍照上传的作业，以前学生都往 QQ 群或微信群里面传作业，家长看着乱，教师也不便于及时批改与整理。现在学生通过微信小程序提交作业，教师能及时批改和反馈评语，让学生的问题及时暴露和解决，家校关系也更加融洽了。

四、总结与展望

当前，学校多维度、全方位开展教育信息化建设，逐渐形成了分学段推进信息技术与教育教学融合实践的格局：一年级教师基于交互式电子白板进行常态教学应用，注重示范演练，引导课堂师生互动；二年级教师基于教师机进行常态教学应用，注重展示批注，引导课堂生成聚焦；三至六年级教师基于智慧教育平台进行常态教学应用，注重数据反馈，引导课堂评价反馈。

其中，关于二年级教师机的应用推进，学校并不是专门制定教师机应用推进方案，而是将教师机应用融入学校一学期的整体规划之中，循序渐进地展开实践活动。目前，二年级全体教师都在积极应用教师机开展教学，进行主题研讨活动，相信后续将会产生更多的成果。

浅谈“三步六环节”智慧课堂教学模式

山东省德州市太阳城学校　卢志勇

随着“互联网+教育”的发展，智慧课堂成为未来学校课堂发展的新路向。智慧课堂作为教育信息化的产物，是实现“学生智慧学”“教师智慧教”的重要载体。当前，已有一些学校引入智慧课堂，将其作为学校信息化建设的核心内容。

山东省德州市太阳城学校（简称太阳城学校）在2014年就引入优学派，开始致力于智慧课堂教学的实践与研究。经过6年的探索与提炼，太阳城学校总结出校本化的智慧课堂教学模式——“三步六环节”智慧课堂教学模式。这一教学模式有效地促进了技术与课堂的深度融合，弥补了传统课堂教学的不足，真正展示出教师教的智慧和学生学的智慧。

一、“三步六环节”智慧课堂教学模式的内涵

“三步六环节”智慧课堂教学模式是以信息技术平台为支撑，基于动态学习数据的收集和分析，对学生学习全过程及效果进行数据化呈现，从而帮助教师精准掌握学情，有的放矢地安排及调整教学的一种教学方式。

从教师教学的角度来看，“三步六环节”智慧课堂教学模式即课堂教学的流程结构（如图1所示）。其中，“三步”即课前、课中、课后，“六环节”则包括学情分析、预习分层达标、情境创设、答疑释惑、课堂检测与个性化作业。各个部分紧密相连、环环相扣，从而构成智慧课堂的完整教学过程和持续发展体系。

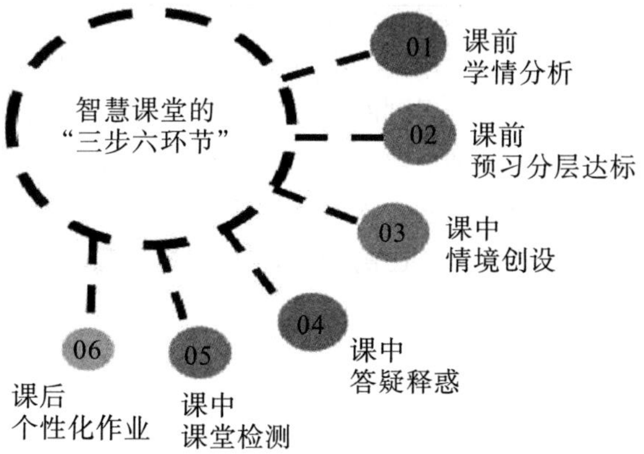

图1　“三步六环节”智慧课堂教学模式

从学生学习的角度来看，“三步六环节”智慧课堂教学模式的每一个环节都存在学生活动，从而构成了师生互动。课前，学生完成预习任务和检测；课中，学生进行任务性学习，完成检测任务，参与师生互动与生生互动；课后，学生完成分层作业（如图2所示）。教师的教与学生的学相互结合，使课堂交流互动更加立体化，更加生动灵活。

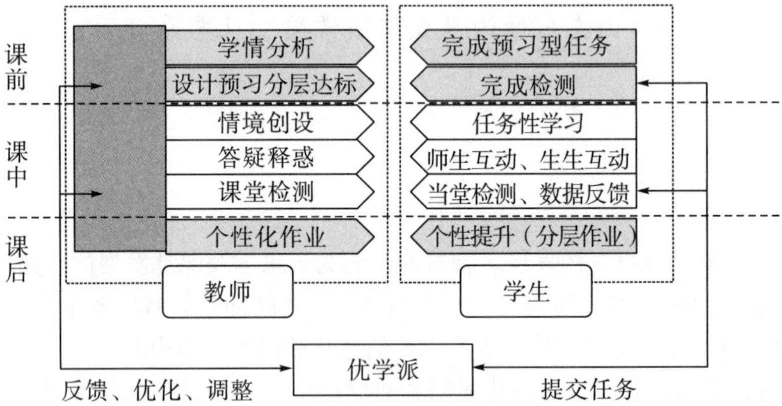

图2　“三步六环节”智慧课堂教学模式中的师生互动

二、“三步六环节”智慧课堂教学模式的实施

（一）课前阶段

课前阶段，教师备课主要包括研究教材、研究学生、研究教法并撰写教案。一般情况下，教师凭借个人教学经验进行备课，并不会真正去研究学生，进行学情分析。另外，教师备课和学生预习是分开的，虽然教师会要求学生预习即将要学习的新内容，但师生课前并不会就预习内容进行讨论交流。学生真的预习了吗？预习的效果怎么样？这些都是教师不知道的，所以也就不存在教师根据学生预习效果适当调整教学的情况。

基于“三步六环节”智慧课堂教学模式，课前阶段，教师以学情分析为基础优化教学设计，实现以人为本、以学定教。学生接收到教师推送的课前预习资料后，根据自己的时间情况进行自主学习，并在指定时间内完成预习任务。这种模式下，学生的课前预习是可控的，学生有没有预习、预习的情况和答题情况都会在优学派教师端上以数据的形式直观呈现。教师可以登录平台进行查看，了解学生的预习情况，并对预习数据进行分析，初步了解学生在预习过程中遇到的问题以及容易出错的知识点，做好教学记录。

以一年级数学教学为例，教师在执教20以内退位减法时，为了了解学情，教师根据预设的教学目标，在教学前一天通过优学派发送互动题板任务（如图3所示）。学生可以通过画图、列算式等方式表达自己的想法，在完成任务的同时还可以录屏记录思考过程。

图 3　课前发送互动题板任务

在以往的教学中，若教师安排了此类任务，学生一般会在习题本上完成。如此一来，教师只看得到结果，看不到学生思维的过程，不知道学生解决问题的具体想法，这就不便于基于学生的思维起点展开教学。而利用优学派，教师就能在上课前通过平台的数据统计，看到每个学生提交的答案，有的学生画图，有的学生列式。其中，有部分学生出错，教师进一步分析发现，这些学生是能够理解题意的，但用算式表达自己的想法时，受到“还剩”二字的干扰，觉得该用减法来做，所以自己就先想出总数“12”，然后用“12－7”来表达自己的想法。

基于这样的学情，教师课中让对的学生和错的学生分别讲解自己的想法，其余学生进行判断与分析，找出会出现这样的问题的原因，让学生在对话中发现问题、分析问题、解决问题。在问题解决的过程中，学生进一步加深对题干中“原来”一词的理解。

（二）课中阶段

“三步六环节”智慧课堂教学模式下的课中阶段主要包括情境创设、答疑解惑与当堂达标训练三个环节。与以往课堂教学相比，这样的课堂不再是教师讲课和提问，学生听课和部分代表回答问题，而是一个教与学融合、交互的动态过程。在这个过程中，学生是学习活动的主体，教师是学生学习的引导者、帮助者和促进者。

在情境创设上，教师可采取多种方式创设学习情景、导入教学主题。例如，教师可以通过预习反馈、测评练习等方式创设情景、导入新课，也可以由学生讲评课前预习成果的形式展开教学。导入教学主题后，教师可以通过优学派下发新的学习探究任务和要求，以及随堂测验题。学生之间开展协作学习，合作完成探究任务与测验。若在探究中学生产生新的想法或问题，教师再进一步答疑释惑，引导学生解决问题。

当学生完成课堂学习任务后，教师可以布置随堂小测试，让学生在平台完成并提交，平台能即时统计学生作答正确率，便于教师依据学情灵活调整教学，精讲教学重难点，巩固学生薄弱知识点，促进学生知识和能力的建构。

这样的课堂教学，不仅仅是师生间、生生间的语言交流和讨论，更重要的是借助优学派，实现教师与学生的立体、高效、持续的互动交流，在教与学的过程中实现知识的探究与建构，从而促进学生知识与能力的发展。

（三）课后阶段

一般情况下，教师在课后阶段会布置作业，学生完成课后作业，教师再批改作业。但作业的内容是统一的，并且批改和反馈是滞后的，学生在下一节课时提交作业，再下节课才能得到反馈，作业讲评也只是讲共性问题，不具备针对性。

基于“三步六环节”智慧课堂教学模式，教师就能基于优学派开展个性化辅导，布置有针对性的作业。从作业内容来看，教师不再是布置统一的作业，而是依据每个学生课前预习和课堂学习情况布置有针对性的作业，利用优学派推送个性化学习资料。从作业反馈来看，学生完成作业后，可通过平台及时将作业提交给教师。教师收到作业后，可以即时将客观题统计结果反馈给学生，主观题则由教师批改，批改时可以通过语音或视频讲解的形式，推送给这名学生或更多的学生，实现个性化辅导。课后除了教师布置任务外，学生也可在平台上发布自己的学习感受与疑问，与教师、学生进行讨论交流，让学习不再局限于课堂。

总之，优学派为学生提供了形式多样的资源，教师可以根据学生的个性化特点，有针对性地推送学习资料，满足学生个性化学习的需要，帮助学生固强补弱，提升学习效果。

三、总结

“三步六环节”智慧课堂教学模式指导着本校教师进行教学变革，在应用这种教学模式时，教师更加重视收集学生的课前、课中和课后的学习数据，更加注重以数据支持教学，让课堂教学真正解决学生存在的问题，进一步推进课堂走向高效。

在践行“三步六环节”智慧课堂教学模式的过程中，教师和学生通过优学派进行互动交流，使教师的“教”和学生的“学”相互渗透、融合、共生，进而帮助学生对知识进行有意义的建构，促进学生智慧的生成与发展。值得注意的是，“三步六环节”智慧课堂教学模式并没有完全放弃传统课堂的优势，而是在保留传统课堂优点的同时将优学派作为一种数字化手段融入课堂中，让课堂焕发新的活力。

最后，“三步六环节”智慧课堂教学模式更加重视学生的主体地位。通过引导学生课前主动预习、课中自主学习和课后个性学习，进一步促进学生养成自主学习、主动学习的习惯，进而获得个性化发展。

“3412”智慧课堂教学模式下的计算教学

——以《三位数乘两位数的笔算》为例

山东省聊城市冠县外国语学校小学部　张　悦

【摘要】随着教育信息化的发展，信息技术与课堂教学的创新应用成了许多学校教学改革的重点。我校注重信息化教学改革，在优学派的支持下，形成了“3412”智慧课堂教学模式。本文以小学数学计算课《三位数乘两位数的笔算》为例，阐明在优学派的支持下，学校如何构建新型教学模式，并基于此模式开展数学教学实践活动，从而促进学生的深度学习。

【关键词】教育信息化　优学派　智慧课堂教学模式　教学实践

随着世界科学技术的迅猛发展，我国已经进入全面综合的创新时代，现代信息技术在教育领域也逐渐发展应用起来，网络教学、智慧课堂、翻转课堂、电子书包等新兴技术推动着传统教育的改革。现如今，智慧课堂已经成为教育信息化的重要发展内容之一，我校在优学派的支持下，开展智慧课堂教学实践与研究已有三年的时间，逐步形成了“3412”智慧课堂教学模式，这一模式为我校各学科组的教学实践指明了方向。

一、“3412”智慧课堂教学模式

“3412”智慧课堂教学模式主要包含“三次达标”“四个环节”“十二个步骤”（如图1所示）。该模式主张“先学后教—以学定教—顺学而教”的教学原则，旨在利用优学派构建快乐、平等、尊重、宽容、思辨的生态课堂，创造使学习真正发生、深度发生的智慧课堂。

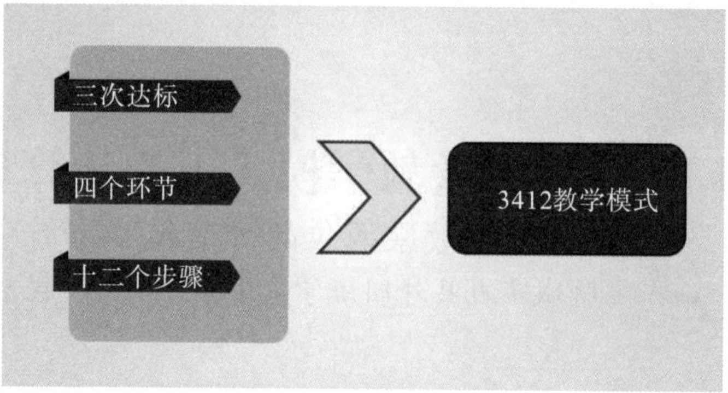

图 1 “3412”智慧课堂教学模式

“三次达标”分别是“初学达标”“疑难达标”“梳理达标”（如图 2 所示）。“初学达标”主要指课前学习，学生通过课前自学掌握基本知识和基本技能，并解决一些简单的实际问题。“疑难达标”主要指课中学习，教师引导学生体验解决问题方法的多样性，使学生的学习能力得到提升。“梳理达标”主要指课后学习，教师引导学生进行知识的梳理与架构，从而达到知识的巩固与拓展。“四个环节”分别是课前、课中、课后与课外四个环节（如图 3 所示）。通常情况下，教师教学应涵盖课前、课中与课后三个环节，课外环节则由教师视教学情况而定。

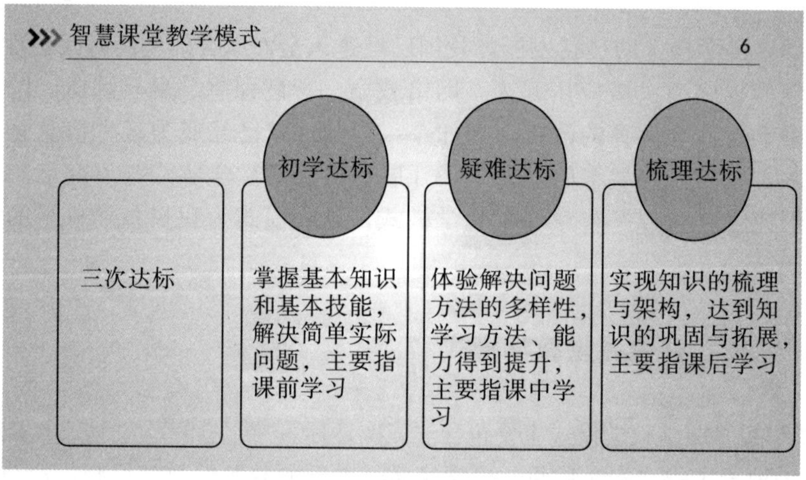

图 2 “3412”智慧课堂教学模式之“三次达标”

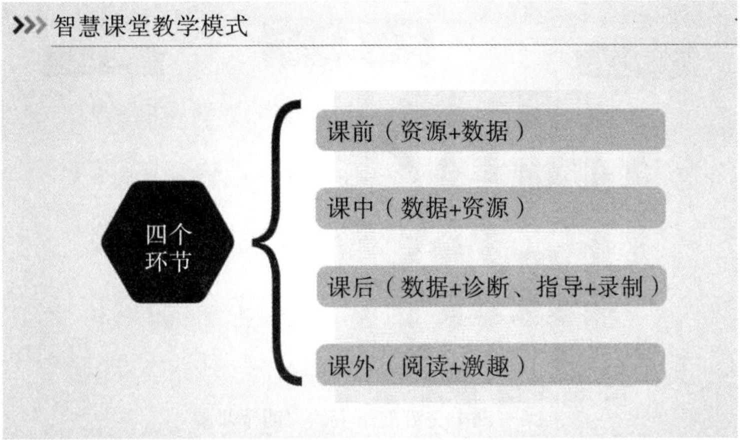

图 3 “3412”智慧课堂教学模式之“四个环节”

“十二个步骤”即师生在课前环节、课中环节和课后环节的具体行为，每个环节中包括四个步骤，共十二个步骤。课前环节，教师根据学情，制定前测题目，向学生推送自学资源、发布任务。学生收到任务后，进行自主学习或交流讨论，然后完成前测题目并上传提交。接着，教师分析学生的前测数据，明确学生的学习起点，进行二次备课，做到以学定教（如图 4 所示）。

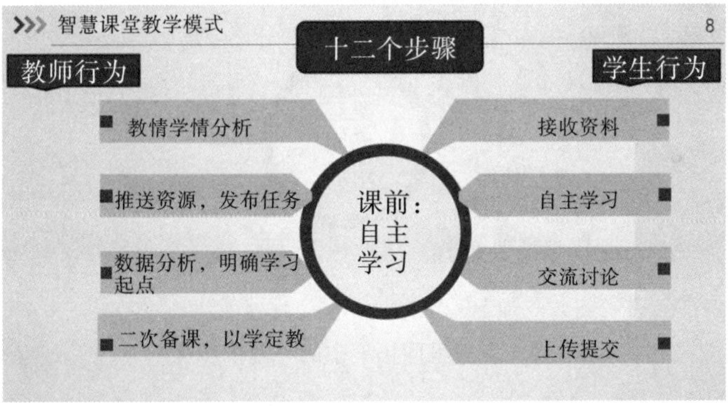

图 4 课前自主学习中的“四个步骤”

课中环节，教师通过获取的前测数据，确立话题，学生则基于话题进行合作交流，展示分享；教师针对学生展示进行反馈，做到顺学而教。当学生经过判断分析，对教学知识形成共识后，教师再布置当堂训练任务，进行实时检测，帮助学生反思构建，实现当堂达标。最后，师生基于内容进行适当的拓展延伸，升华教学内容，为下节课的教学做铺垫（如图 5 所示）。

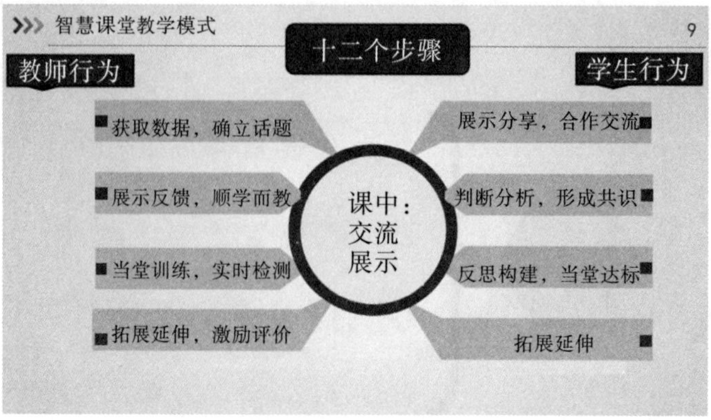

图 5　课中交流展示中的“四个步骤”

课后环节，教师根据课堂教学的数据进行分析与评估，从而设计个性作业推送给学生。学生回顾所学知识，完成作业检测，实现巩固拓展。教师再对学生作业数据进行课后辅导，可以录制微课发送给学习存在困难的学生，实现 1 对 1 巩固指导，也可以安排拓展练习给学有余力的学生，帮助学生实现巩固拓展（如图 6 所示）。

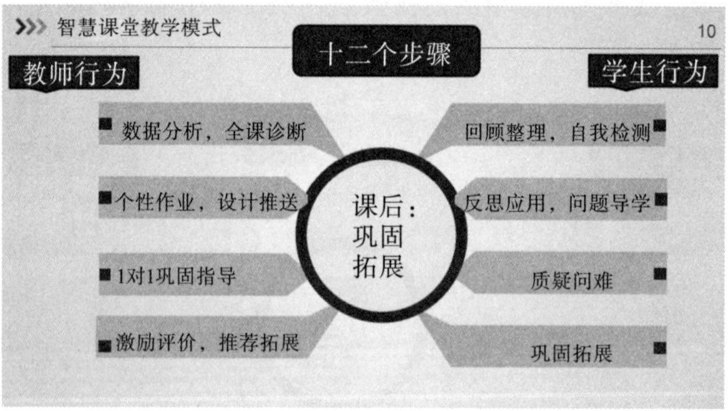

图 6　课后巩固拓展中的“四个步骤”

二、教学实践过程

在“3412”智慧课堂教学模式下，我校数学小组共同探究出一节实验课《三位数乘两位数的笔算》，具体教学过程包括以下三方面。

（一）课前自主学习

四年级的学生已经熟练掌握了两位数乘两位数的笔算方法与算理，所以在教学中，教师应充分利用学生已有的知识经验，鼓励学生将两位数乘两位数的笔算方法迁移到三位数乘两位数中。以这一点为基础，教师根据本节课的学习目标设计了一组前测题（如图 7 所示），第一题旨在引导学生回忆两位数乘两位数的算理，第二题旨在检测学生通过预习后，对三位数乘两位数算法和算理的掌握情况。第三题考查学生对计算三位数乘两位数这一知识点的掌握情况。

1. 问答题（33分）
直接将答案填在括号内.

```
 1 4
×2 3
────
  4 2 …（  ）×（  ）的积是（  ）
 2 8  …（  ）×（  ）的积是（  ）
────
 3 2 2 …（               ）
```

2. 问答题（33分）
直接将答案填在括号内.

```
  1 1 4
×   2 3
───────
（    ）…（  ）×（  ）的积是（  ）
（    ）…（  ）×（  ）的积是（  ）
───────
（    ）…（               ）
```

3. 客观填空（34分）
用竖式计算.

350×23＝(________)　　230×48＝(________)　　180×14＝(________)

图 7　教师课前发布的前测题

从学生作答数据中可以发现，第二题的正确率最低，为 56.7%所以本节课以此为教学起点，教学重点即三位数乘两位数的笔算方法与算理。教学时，我们计划把整个竖式拆分成三部分来探究，直接展示学生的答案，找学生来讲解每一步的做法。

（二）课中交流展示

1. 出示错题，确立话题

教师直接出示前测题中正确率最低的第二题（如图 8 所示），让学生明确本节课的学习任务是要共同研究这一错题。

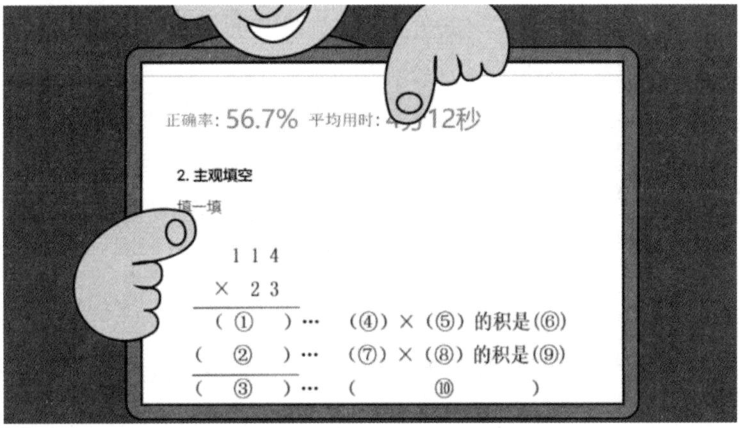

图 8　前测题中学生正确率最低的题目

2. 交流分析，探究错题

第二题中第一步的正确率较高，所以教师直接出示结果（如图 9 所示），请学生来说一说这一步的算理以及列竖式时需要注意的地方。

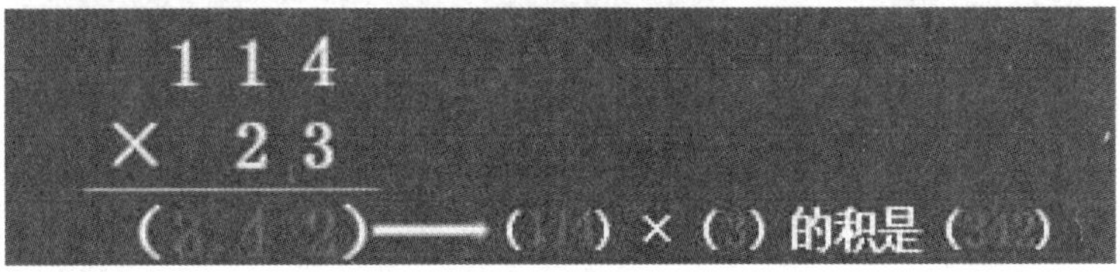

图 9　第二题竖式计算的第一步

学生在第二步出错主要是因为出现了两种不同的答案，一是认为第二步要计算 114×2 的积，二是认为第二步要计算 114×20 的积，教师呈现这两种思考（如图 10 所示），让学生进行了充分的交流。

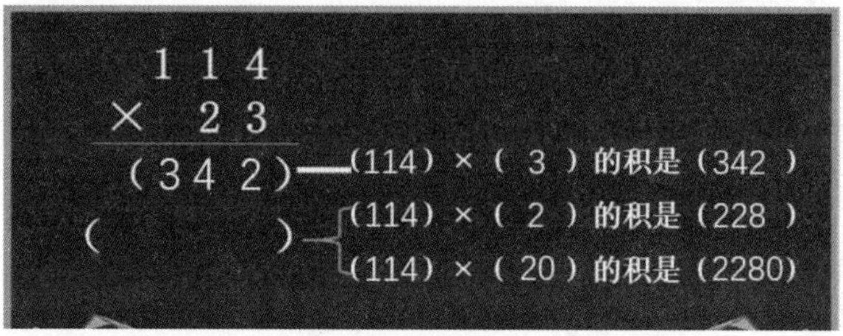

图 10　第二题竖式计算中第二步的两种情况

教师：咱班同学在做第二步的过程中出现了这两种答案，你们认为哪一种是正确的，为什么？（找 2~3 位同学说一说）

学生：我认为第二个是正确的，因为 2 在十位上表示 2 个十，所以应该是 114×20 的积。

教师：那在第二步的竖式中又该如何填写呢？（找生上黑板填写）并询问填写的理由。

学生 1：2280 可以写成 228（8 和十位对齐，0 可以省略，因为这样写比较简便）。

学生 2：228 表示 228 个十，0 可以省略不写。

教师：既然同学们都认为 114×20 的积是 2280 是正确的，114×2 积是 228 是错误的，那为什么在竖式中还填 228 呢？（同桌讨论）

学生：因为 114×2=228 表示 228 个一，而在竖式中的 228 表示 228 个十。（教师及时鼓励）

教师总结：其实我们在列竖式的过程中，直接口算的是 114×2，只不过 2 在十位上表示 2 个十，所以得到的 8 应该与十位对齐，表示 8 个十。但这一步实际上表示的是 20×114 的积。

教师：谁来说一说，接下来第三步该如何计算呢？

学生：用第一步 114×3 的积加上第二步 114×20 的积，最后结果是 2622。（如图 11 所示）

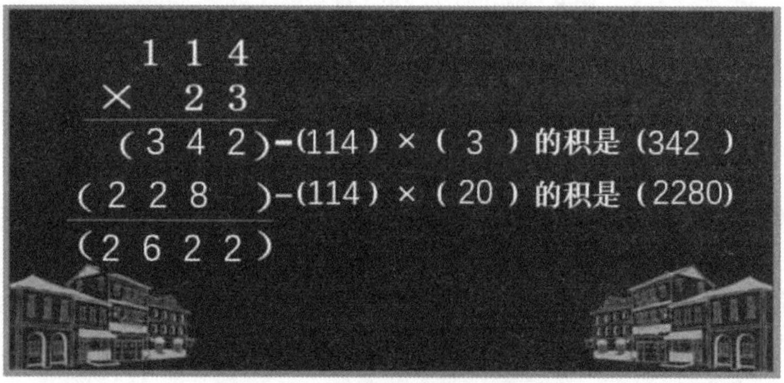

图 11　第二题竖式计算的第三步

3. 巩固练习，顺学而教

分析完难点后，本节课的重要环节就结束了，接着教师发布了一道同样类型的题目（如图 12 所示），让学生抄写在本子上，完成后，利用优学派进行拍照上传。

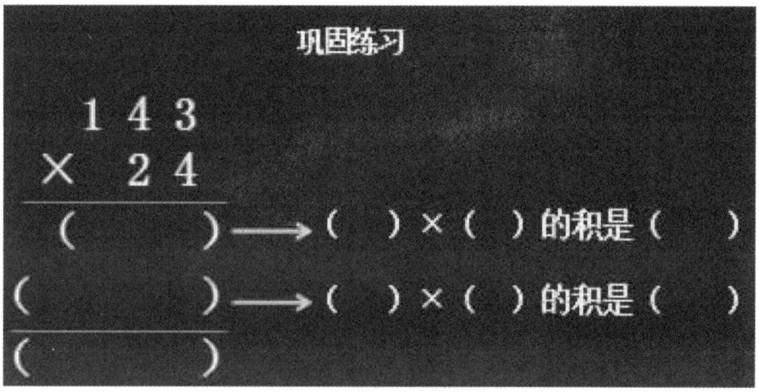

图 12 巩固练习题

教师则利用优学派对学生作品进行随机对比，让学生进行生生互评，并根据学生的出错情况进行指导。一般情况下，如果是学生没有理解算理，就让学生说一说每一步的算理，然后教师再总结。通过分析本次练习的反馈数据，教师发现：全班同学都理解了算理，有个别学生计算结果出错，所以教师再次强调计算时要细心、认真，课下要加强计算训练。

4. 当堂检测，深化理解

最后，教师利用优学派发送检测试题，设计成客观填空的形式，系统可以自动统计出正确率（如图 13 所示），学生完成时，教师提出要求：在本子上列竖式，然后直接将计算结果填写到优学派上。

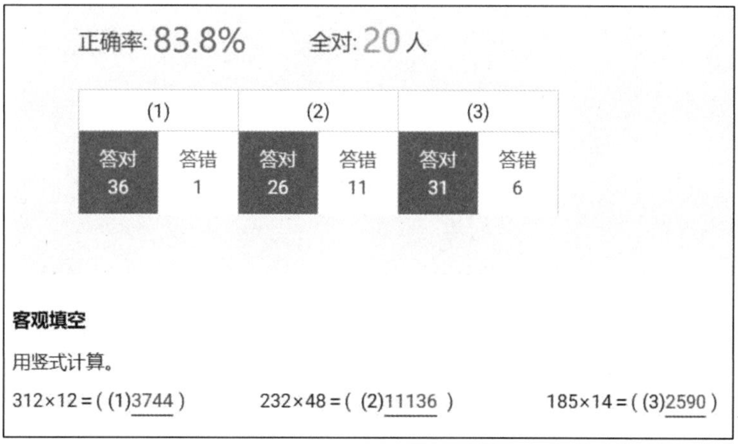

图 13 当堂检测试题及反馈结果

对比前测中的第三题，课堂检测的正确率有所提高，教师及时对学生进行评价，然后让学生进行同桌交流，找出出错原因并及时更正。

（三）课后巩固拓展

课后，教师发布了拓展训练（如图 14 所示），是一道三位数乘三位数的笔算题，考查学生是否真正理解了多位数乘多位数的算法与算理，检验学生能否举一反三，实现迁移应用。

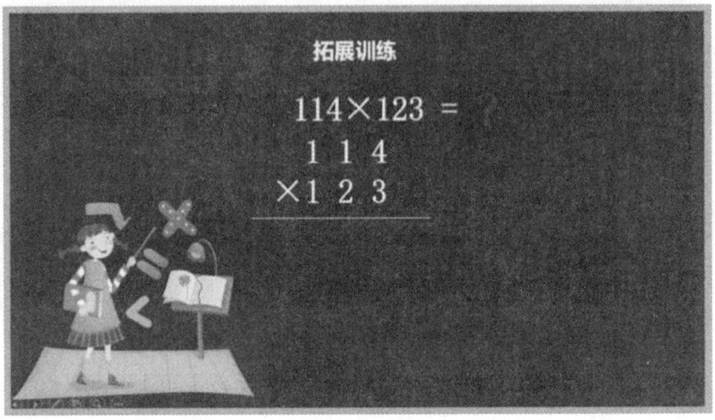

图 14　拓展训练

三、总结

智慧课堂教学模式的构建已经成为广大学者研究的热点之一，基于全国教育信息化的发展趋势，我校立足于现阶段智慧课堂的实践情况，形成“3412”智慧课堂教学模式。该模式有效解决了传统课堂中普遍存在的问题，提高了学生自主学习的能力，激发了学生学习的兴趣，将课堂还给学生，使学习真正发生。在该模式中，“三次达标”为学生明确了努力的方向，“四个环节”彰显出结构紧密、环环相扣的教学设计理念，“十二个步骤”体现了先学后教、以学定教、顺学而教的教学原则。

管理与应用并重，促优学派教育作用的发挥

贵州省六盘水市六枝特区第五中学　宋　燕

随着信息技术的迅猛发展，手机、平板电脑等电子设备早已成为人们生活和工作中必不可少的工具。但将其作为学习工具引入学校教育，对许多人来说还相对比较陌生，尤其是对学生而言，一时之间还难以转变观念，加上学生本身自控能力较弱、自律性较差，不少学生会通过链接外网观看视频或者打游戏。为了纠正学生对平板电脑的这种“执念”，让其真正成为学生日常学习的有力工具，我在日常的教学管理工作中融合多方力量，加强对平板电脑的使用规范管理与引导。经过一段时间的实验，已初显成效。

一、将平板电脑的使用纳入常态化管理，培养良好的使用习惯

好习惯始于平时。在日常工作中，结合学校引入的学习工具——优学派自身的管控特点和班级学生的年龄、性格特征，我采用“硬性管理”与“弹性管理”并用的方式，帮助学生明确平板电脑作为学习工具的特性，进而使其养成良好的使用习惯。

（一）硬性管理，明确目的

1. 全班学生的平板电脑统一设置班级管控，净化平板电脑的界面设置，使学生端只保留与学习相关的软件，让学生清楚地认识到优学派是学习工具。这是优学派自带的管控功能，也是大多数教师常用的管控方法。

2. 为班级“黑客”申请家长管控端。如今的学生一出生就在电子产品的世界里遨游，可谓信息时代的原住民，他们很容易抓住监管漏洞利用平板电脑来娱乐。通过观察和求证，我将班级里的少数几个学生拟定为“班级黑客”，并且专门为这几个学生单独申请了家长管控，借助家长的力量共同来监督和管理。学生的平板电脑开启家长管控后，家长可以通过手机查询学生平板电脑的使用轨迹、安装软件、使用时间、作业完成情况、课堂表现情况等数据，了解学生在校学习情况的同时，帮助教师做好平板电脑的管理工作（如图 1 所示）。

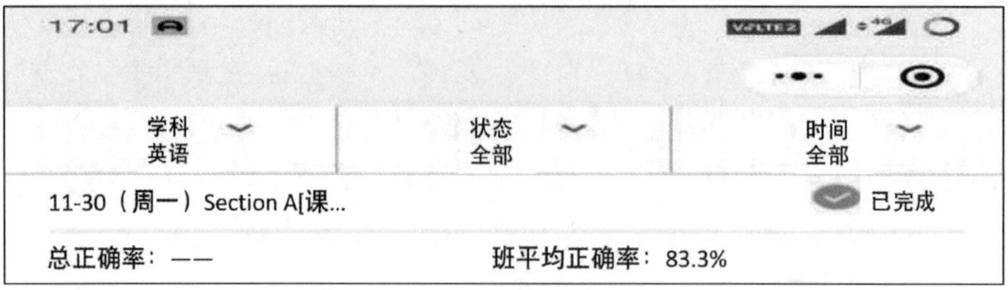

图 1　利用家长端了解学生作业情况

（二）弹性管理，规范使用

1. 发挥榜样监督作用。在班级里选取自律性较强的学生作为督导员，督导员在日常生活学习中了解其他学生的平板电脑使用习惯，尤其注重发现反面例子并及时与教师沟通，如哪些同学通过什么方式做了哪些与学习无关的事，帮助教师及时、准确地掌控班级学生动向，进而采取相应的管理措施，对学生不好的行为习惯予以及时纠正。

2. 将平板电脑的应用纳入积分管理，发挥团队监督作用。为了激发学生的学习积极性，培养团队合作意识，在日常教学中我们确立了班级积分管理机制。通过师生的共同协商，我们把学生的各种行为，包括对优学派的规范使用纳入小组积分考核中，并于每周五对各组积分情况进行汇总。积分最高的小组会得到应有的奖励，而积分最低的小组则会受到相应的惩罚。这就在小组之间形成了无形的竞争，每个小组都希望得到教师的奖励，于是组内成员之间就会相互监督日常行为习惯，以争取更多的积分。

3. 在班级中设置“电教小助手”，发挥帮扶监督作用。在应用初期，我们发现总有少部分学生在连入互动课堂和完成作业时有拖拉、作业完不成的情况，经过进一步了解，发现是这部分学生对平板电脑的操作不熟练。针对这一情况，我在班级里设立了几个“电教小助手”，协助教师做好平板电脑的管理与培训工作，“电教小助手”的工作大致如下：

（1）当好任课教师的小助手，做好课前的服务工作。例如，在课间提醒并帮助同学做好上课准备：登录优学派系统、进入互动课堂等待上课。

（2）当好班级设备管理员。一天课堂结束以后，督促同学将平板电脑送入充电柜并确保已充上电，为第二天的课堂应用做好准备工作。

（3）当好班级作业督导与培训员。审核统计学生作业的提交和完成情况，了解学生完成作业缓慢或者未完成的原因，如果是平台操作问题，则第一时间为其提供操作培训。

二、家校合力，共同履行教与育的责任

家长是学校教育的监督者，也应该是学校教育的参与者和协作者。学生的学习、学校的管理都离不开家长的支持与配合。为了让家长深入了解优学派对学生的学习产生的积极作用，我们先后开展了“教学开放周”“周末家访”“家长培训会”等活动，为家长了解学校教育、了解优学派提供机会。

（一）教学开放周

教学开放周，即邀请家长进班听课，感受智慧课堂班级的教学模式和学生学习方式。之所以开展“教学开放周”而非“教学开放日”，是为了满足更多家长进课堂的需求（如图 2 所示）。如果安排在固定的某一天，很多家长可能会因为工作原因无法参加。而在“家长开放周”的时间段内，家长只需要根据自己的时间提前与班主任联系，告知在本周内哪一天哪一个时间段可以进课堂，班主任就会根据实际情况做好安排。进班听完课后的家长会在班级群里反馈听课感受，尤其是针对优学派的应用提出思考和建议，其他已经听课或者即将进班听课的家长也会积极参与讨论。目前看来，我班家长很喜欢这样的进校方式，认为这是家长了解学生在校学习生活的最佳途径，同时，他们对学生在课堂中使用优学派也给予了充分的肯定，认为这是一种与时俱进的教学方式。

图 2　家长进课堂

（二）周末家访、家长培训

教师周末家访主要包括：一是做一份家长问卷调查，内容设计主要包括了解学生在家的基本情况和学生的家庭教育情况，并填写好家访记录表。二是与家长沟通学生近期在校学习的情况。三是针对优学派的应用了解家长的疑惑，征询家长的反馈意见（如图 3 所示）。在家访的过程中，我们了解到大多数家长都没有时间监管孩子的学习，而且很多家长表示对学生现阶段的课本知识已经看不懂更辅导不了。针对这种情况，我们会给家长详细介绍优学派中的优质资源以及学生在家自主学习的路径，解决家长单独辅导学生学习出现的困难。还有的家长可能会担心学生拿着平板电脑没有用到学习上，担忧他们使用平板电脑上网、听音乐、看视频等，为此我们给家长详细介绍了优学派的管控系统，让家长放心；另外，对于有更多时间了解学生学习情况的家长，我们给他们详细介绍了优学派平台家长端的使用方法，让他们在日常生活中也可以了解学生的课堂参与度、表现情况、作业完成情况、教师每节课的评价等，为家长提供深入了解孩子的机会，拉近亲子关系。

图 3　教师周末家访

通过教学开放周、周末家访、家长培训等一系列活动的开展，我们希望将学校的教育活动公开透明地展现在家长面前，让他们放心的同时树立“家长也是孩子教育过程中必不可少的一员”的意识；再者，这些活动也可以帮助家长和孩子增进相互了解，增加信任感，利于亲子关系的良性发展。

三、开拓课外应用场景，提升学生的综合素质

（一）充分利用优学派名师书法视频创建书法辅导班

现在学生生活在信息快速获取和传递的时代，手机和电脑几乎成了交流的主要工具，学生由于缺乏持久训练，书写越来越差。现在中高考已实行网上阅卷，学生的书写差会直接影响机器的识别，进而影响考试成绩。因此，从小练习好书写对学生的成长和发展有着至关重要的作用。

写字是一门艺术，需要专家和专业教师的指导，如果不得法，徒有训练数量也不能起到好的书写效果。为了指导班级里学生的书写，我将书写较差的学生组成了一个小型的书法班，每天定时给学生推送优学派上的书法名师辅导视频（如图 4 所示），学生观看视频的同时自行练习一篇书写作业后拍照上传。同时，利用优学派平台的互评功能，让这部分学生相互观看大家提交的书法作业并给出相应的评价。这种将平时的“作业批改”变成了“作品欣赏”，学生不亦乐乎。通过这样的训练方式，我班学生的书写水平得到了大幅度提高。

图4　优学派的名师书写指导资源

（二）利用优学派举办各种竞赛活动

为拓展学生的视野，培养学习兴趣，丰富课余生活，我们借助优学派平台举办了各种竞赛活动，让学生在竞争中体验学习的乐趣。如英语听写大赛、汉语听写大赛、语文素养大赛、数学口算比赛等（如图5所示）。竞赛内容可涉及书本内容，帮助学生巩固平常所学，也可涉及课外内容，帮助学生拓宽视野。通过多次的竞赛活动，我校教师已总结出一套较为实用的比赛方案及操作流程，为今后活动的继续开展提供方便。

图5　学校举办语文素养大赛

虽然平板电脑与学校教育融合已不是什么新鲜事，但学生和教师势必都会经过一段适应期。经过三年的使用实践，优学派确实给教育教学工作带来了很多便利，让我们切身体会到了信息技术的发展给教育带来的变革。对于应用过程中可能存在的问题，我们应该正视并且通过正面手段引导学生和家长正确看待，只有这样，平板电脑才能真正成为辅助师生教与学的利器。

夯实常规，静待花开

——小学低段信息技术使用适应性课程的开发与实践

四川省成都市泡桐树小学西区分校　刘　恋　都亚兰

在信息化广泛深入的时代，随着人工智能、大数据、“互联网+”和AR、VR等技术的快速发展和日趋成熟，移动终端设备在课堂教学中的应用得到大规模普及，由此给课堂教学带来了前所未有的冲击和改变。然而这有利也有弊。虽然平板电脑对于当前的学生来说已不再是什么新鲜事物，但真正在课堂中使用时他们还是会很兴奋，因此，在思考“如何在课堂中最大程度地发挥技术和设备优势来辅助教学?”这一问题之前，笔者认为我们更应该先思考“如何通过一系列行之有效的课程教学行为引导学生养成良好的学习习惯，进而潜移默化地提高‘互联网+’时代学生的信息素养?”这一问题。带着这样的思考，笔者进行了小学低段学生平板电脑使用习惯的研究，形成了一套完整的、可操作、可复制的适用于初次使用平板电脑等进行课堂学习的学生的行为习惯培养课程。

一、在小学低段进行信息技术设备使用规范培养的必要性

（一）在小学低段引入信息技术，学生的课堂行为习惯亟待培养

“课堂是教育的主战场。”随着教育信息化改革的不断深入，越来越多的学校从低年级起便以信息技术为抓手进行课堂教学变革。然而，小学低段学生具有活泼好动、注意力不易集中、心智不成熟、自我控制能力弱、学习能力不足、思维逻辑性不强、学习习惯尚未养成等特征。这一现状对教师提出了要求：要在引入信息技术之初准确把握这一前提条件，在培养学生课堂行为习惯方面主动着力、下大功夫，才能保证作为学习主体的学生能够全身心投入学习历程，保障后续技术与课堂教学的深度融合。

（二）在小学低段引入信息技术，对教师提出了新要求

教育信息化的建设与发展，不仅仅意味着加大资金投入、加大力度购买设备。课堂的变革，更有赖于教师在与学生交流教材内容的同时，根据个性化学习需求恰当选用信息技术设备来支持教学。作为教师，如何在信息技术日新月异的今天将新技术与自己的课堂教学有机融合，达到课堂效率最优化呢？这是值得我们深思、提高认识的问题。与此同时，小学低段学生的基础行为习惯养成是教师教育教学的重点工作之一，如何在开展信息技术与课堂深度融合教学的同时引导学生养成良好的设备使用与管理习惯，进而促进学生知识与能力的螺旋上升，也是对教师教学能力与管理能力的极大考验。

（三）在小学低段引入信息技术，需要消除家长的诸多疑虑

在新技术、新设备的支持下，课堂教学从原来的以教师讲解为主变革为自主、合作、探究的新形式，家长和学生一样，需要一段适应和接受的过程，在此过程中他们会时刻关注着学生的在校学习情况。如果学生的学习行为习惯不好，何谈有好的效果？没有好的效果，如何取得家长的信任和进一步支持？

基于以上情况，在明确校企合作角色和职责的前提下，笔者研究了适合小学低段学生特点的平板电脑使用适应性课程培训方案，希望可以促进广大教师和学生快速适应并进入技术的常态应用阶段，推进课堂变革的发生。

二、信息技术设备使用规范培养课程的价值

（一）理论价值

通过课程培训，小学低段学生可以掌握平板电脑的使用方法及养成日常学习行为规范，有助于自主构建具有信息技术思维的课程理念。小学低段适应性课程内容与教学目标的确立，指向构建学生在新媒体新技术支持下的课堂学习中自主发展的意识和能力，帮助学生获得成长的多维发展理论，为丰富和发展小学低段学生信息素养提供理论支持。

（二）实践价值

1. 根据现有小学课程体系，融入小学低段信息技术适应性课程内涵，构建具有操作性的适应性课程体系，能有效解决信息化背景下教育实践中的新困惑与新问题，为全省乃至全国范围内开展信息技术教学提供可借鉴的经验。

2. 在区域范围内推动学校管理者、教育工作者与时俱进，适应新思维、新变化，与时代和国际接轨，主动适应基础教育课程改革的需要，树立全面提高学生信息素养的教育理念，促进教师自身的学习进步，在研究——反思——实践过程中提升专业水平。

3. 通过研究和探索，总结出的适应性课程是一套可复制、可推广、可操作的培养学生良好学习习惯的课程，形成的是一系列具有实效的课程与教学方案。另外，笔者尝试在此研究的基础上编写一套小学生信息技术适应性课程学习读本，以填补适应性课程开设与信息素养教育方面的空白。

三、信息技术设备使用规范培养课程的目标

1. 通过教师的介绍，让小学低段学生对信息技术设备作为学习工具形成正确认识。

2. 通过口令的训练，培养小学低段学生对信息技术设备进行使用和管理的行为规范。

3. 通过定期家校沟通，建立小学低段家长对信息技术的使用提供配合协助的意识行为。

四、信息技术设备使用规范培养课程的内容

基于小学低段学生的年龄特征，参照学生信息素养培养的评价标准，笔者制定了本

套培训课程。课程涵盖五大主题、十三个方面的内容（见表 1），覆盖了技术设备在课前、课中、课后三个应用场景中的应用与管理，目的在于全方位引导学生正确认识和爱护信息技术设备这一学习工具，让其成为陪伴学生学习的好助手。

表 1　课程内容体系

课程主题	课程内容	评价标准
1　认识平板电脑	1.1　基本操作	1.1.1　能独立完成开机和关机
		1.1.2　能根据应用场景随时点亮和关闭屏幕
		1.1.3　能根据应用场景及时调节音量大小
	1.2　界面功能	1.2.1　了解优学平台的基本功能和操作
		1.2.2　了解安卓平台的基本功能和操作（建议通过管控系统设置为隐藏）
		1.2.3　理解智慧课堂的基本功能和操作
	1.3　配套物品	1.3.1　了解通过保护壳让平板电脑屏幕熄屏的操作
		1.3.2　了解手写笔的作用和操作
		1.3.3　了解数据线的作用和操作
		1.3.4　了解充电器的作用和操作
		1.3.5　了解自带耳机或耳麦的硬件要求
	1.4　角色定位	1.4.1　明确平板电脑的学习工具定位
		1.4.2　明确平板电脑的游戏屏蔽功能
2　课前准备	2.1　前一晚	2.1.1　了解次日携带平板电脑到校的通知渠道
		2.1.2　了解检测平板电脑电量的操作，并能根据需要进行充电
		2.1.3　能将平板电脑与其他学具分类放入书包
	2.2　上课前	2.2.1　能在课间提前将平板电脑从书包里拿出来
		2.2.2　能将平板电脑摆放在约定位置并且等待上课
3　课堂使用	3.1　使用前	3.1.1　能在没有听到口令前保持专注认真上课
		3.1.2　取用桌面其他物品时保持摆放整洁
	3.2　使用时	3.2.1　能听从约定口令，完成平板电脑摆放的操作
		3.2.2　能根据需要熟练使用手指或手写笔完成平板电脑答题
		3.2.3　能根据要求完成对同学作业的客观评价
	3.3　使用后	3.3.1　能在教师结束练习后立即合上平板电脑
		3.3.2　能听从约定口令，完成平板电脑放回的操作
4　课后收纳	4.1　课堂结束	4.1.1　能在离开座位前及时将平板电脑放回书包并拉上拉链
	4.2　放学准备	4.2.1　能在放学前检查所有学习工具是否已放在书包里

续表1

课程主题	课程内容	评价标准
5　管理保护	5.1　平板电脑管理	5.1.1　能回家做完作业就检查电量并根据需要充电
		5.1.2　能坚持使用原装充电器和数据线对平板电脑进行充电
		5.1.3　能判断平板电脑电量，并能在不够一半电量时进行充电
		5.1.4　能正确使用平板电脑保护壳使其免受碰撞
		5.1.5　能正确使用收纳手提包保护平板电脑
		5.1.6　能保持平板电脑及其配件的干净整洁
	5.2　信息保护	5.2.1　能根据用户名和密码独立完成平板电脑的登录
		5.2.2　能根据教师的指导设置自动登录模式
		5.2.3　能及时做好用户名和密码的备忘

五、信息技术设备使用规范培养课程的实施

根据低段教学任务和管理计划的需要，本课程的实施采取“专项培训”与“随堂培训”相结合的形式（如图 1 所示）。“专项培训”是指教师可以根据学生认识和使用平板电脑的具体情况集中一课时或分为两课时对学生进行专门的平板电脑使用培训，培训重点为指导学生初步建立平板电脑作为学习工具的认识以及在课前、课后的使用与管理规范（如图 2、图 3、图 4 所示）。“随堂培训”则指各学科教师结合课程推进，间插进行平板的使用与规范培训，重点培养学生在课堂中使用及管理平板电脑的行为规范，巩固使用习惯。如此一来，既不需要大量占用宝贵的教学时间，又可以持续激发学生养成课堂行为规范的自觉性。

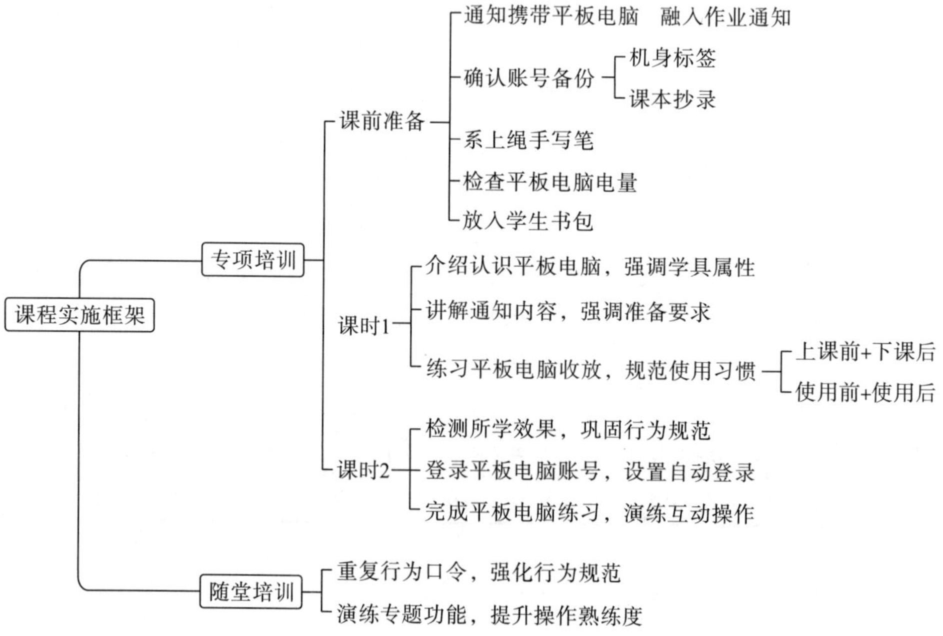

图 1　课程实施框架图

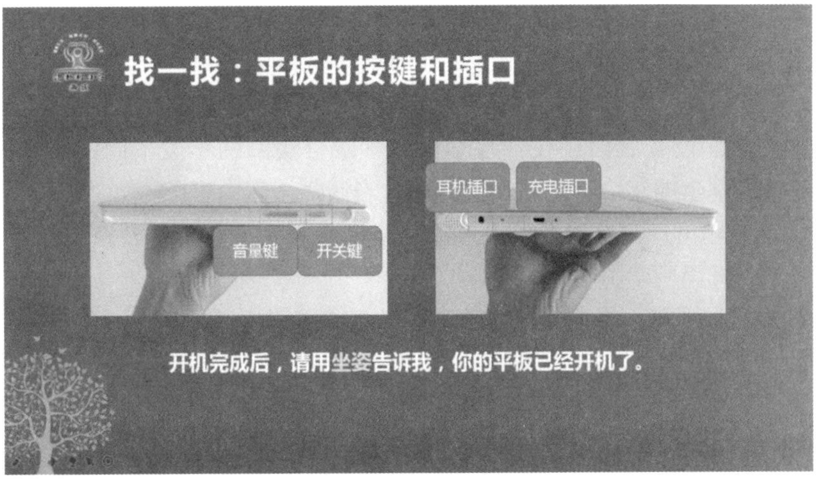

图 2　开展专项培训（一）

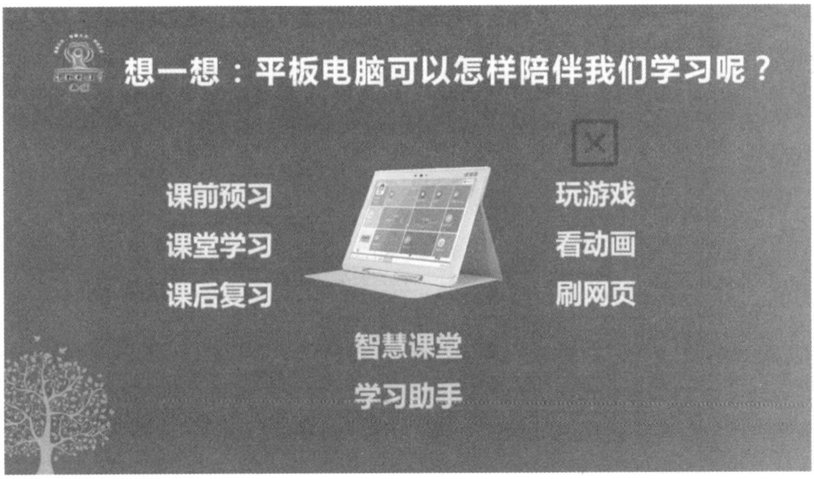

图 3　开展专项培训（二）

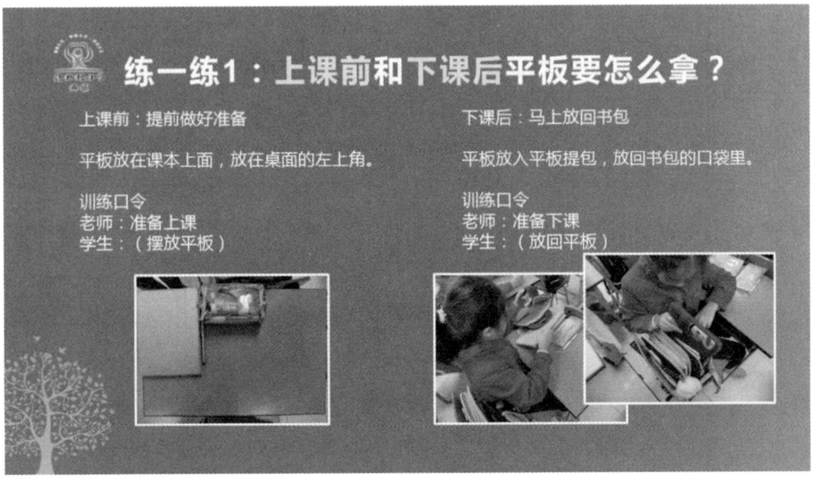

图 4　开展专项培训（三）

六、信息技术设备使用规范培养课程的实施建议

1. 由于各个学校开展信息技术与学科教学融合实践的年段不同，在具体实施时，还要根据各年段学生的年龄特点和学情起点适当调整培训内容。

2. 为保证专题培训的效果，如果选择的培训时长为两节课，建议安排在连堂课进行，以便于及时巩固所学。

3. 为确保培训质量、提高学生的配合度，建议由本班任课教师组织培训，如有技术的驻校服务人员，建议其从旁协助。

4. 专题培训过程中，建议任课的所有教师共同参与，以便于统一课堂行为口令和规范，避免出现各学科教师指令和要求不一，导致学生混淆的情况。

5. 在培训过程中全程做好拍照记录，以便在课后及时向家长传递培训内容及培训情况，一是保持家校沟通，二是引导家长督促学生离校后也能继续培养和保持相关行为习惯。

6. 在小学低段引入信息技术设备时，要考虑学生年龄偏小、自我管理及收纳能力弱等因素，建议在教室设置充电收纳柜，集中存放学习设备，避免学生个人保存过程中的各种隐患发生。

笔者希望用更科学的理念、更契合的方式来推动信息技术与课堂教学的深度融合；在实践过程中，笔者希望能同广大一线教师交流、分享经验，帮助孩子在合作共享中学习、探索和实践；同时，笔者也希望家庭、学校和企业多方合力，促进学生学科学习与信息化素养提升的协同发展，促进教育改革的发生。

参考文献

[1] 仇勇平．电子书包：建设数字化课程环境［J］．上海教育，2011（Z2）：40－41.

[2] 文贤代，丘小云．成都市中小学生媒介信息素养课程研究报告［J］．教育科学论坛，2019（29）：60－66.

[3] 刘邦奇．“互联网＋”时代智慧课堂教学设计与实施策略研究［J］．中国电化教育（10），2016：51－56＋73.

[4] 祝智庭．智慧教育新发展：从翻转课堂到智慧课堂及智慧学习空间［J］．开放教育研究，2016（01）：18－26＋49.

[5] 王竹立，李小玉，林津．智能手机与“互联网＋”课堂——信息技术与教学整合的新思维、新路径［J］．远程教育杂志，2015，33（04）：14－21.

附　录

让学习更高效，让教育更公平——优学派教育大事记

作为国内知名在线教育平台与服务提供企业，优学派深耕教育行业多年，始终坚持“让学习更高效，让教育更公平”的企业使命，秉承“应用驱动，融合创新”的宗旨，积极与中央电化教育馆、教育信息化领域专家、一线优秀教师沟通联系，融合发展，推陈出新，助力课堂教学高效的同时，也在大力促进教育公平。在新冠疫情肆虐期间，优学派积极承担社会责任，推出一系列公益措施，为社会贡献自己的一份力量。

一、智慧教育，共享未来

【2020 年，优学派作为智慧教育的代表案例入选央视 CCTV－9《育见未来》纪录片】

2020 年，央视大型教育创新纪录片《育见未来》在 CCTV－9 播出。专注教育行业多年的优学派作为智慧教育的代表案例登上了《育见未来》纪录片，展现了数据赋能乡村教学的画面。

纪录片《育见未来》以“让我读懂你”为题，展现了优学派于学校师生、家长的意义。借助优学派的大数据分析功能，学校教师可以“读懂”每个学生的学习情况、学习特点、兴趣爱好等，从而形成不一样的教学方式、班级形态、同伴关系等；远在千里之外的父母不仅能对孩子的学习情况了如指掌，更能“读懂”孩子的情绪需求；而依托人工智能研制的学习平板电脑也越来越能深入地“读懂”学生的学习状态，成为学生灵犀相通的学伴，有力地凸显出信息技术与教育的深度融合，生动地呈现了农村学校教育信息化教学中师生的精神风貌和真实生活写照。

多年来，优学派一直秉持初心，依托自身的技术优势，持续输出更多的创新产品和解决方案，助力教育信息化发展，让教育迈向更加公平而有质量的新台阶。

【2018 年，国务院副总理孙春兰在甘肃调研时参观敦煌西关小学优学派智慧课堂】

2018 年，中共中央政治局委员、国务院副总理孙春兰在甘肃调研时深入到优学派项目学校敦煌市西关小学、天泽幼儿园调研，与有关方面负责同志和师生交流，认真听取意见和建议。观摩完优学派智慧课堂，孙总理指出：素质教育是现代教育的根本要求。学生的健康成长有其规律性，不同学生的个性特点也各不相同，要通过启发式、探究式、讨论式、参与式教学，更好地发挥每个学生的潜能。要落实好政府责任，优化义务教育资源配置，推进义务教育城乡一体化发展。

敦煌市西关小学锐意进取，致力于通过学校的教育信息化建设，提升学校整体教学实力和师生综合素质水平，围绕这一发展目标，优学派为西关小学提供了完整的智慧课堂解决方案。

【2017 年，优学派在山东青岛博文小学的课堂应用登陆央视《中国新闻》】

2017 年，优学派在山东青岛博文小学的课堂应用登陆中央电视台《中国新闻》。

一直以来山东青岛博文小学都非常希望在教育信息化建设中取得突破，进而提升学校整体教学实力和综合素质水平，经过多方考察，优学派能够最大程度满足博文小学的信息化建设需求。因此，优学派与博文小学携手开启了智慧教育的全新时代。

优学派提供的学习内容并不仅仅是纸质版教材的“电子搬家”，而是通过应用驱动的拓展来解决教育教学中的实际问题，同时通过应用反馈机制的建立来反向驱动信息技术的拓展和创新，这是真正的深化应用。优学派管理人员深知：只有走应用驱动路线，倾听课堂一线的需求，不断地解决常态教学中存在的问题，把信息技术和教育教学实践深度融合，才是教育信息技术实现可持续发展的正确道路。

二、投身公益事业，践行教育公平

【携手抗疫，助力“停课不停学”】

为响应教育部“停课不停学”号召，在 2020 年春季学期延期开学期间，优学派从实际教学中的“课前、课中、课后”三大核心场景出发，全力打造了集课程在线直播、课中互动、课后智能反馈于一体的智慧教育平台，免费为 31 个省（区、市）的学校师生提供远程互动学习方案及公益性优质学习资源，全力保障各地各校“停课不停学”，助力学生居家学习。由此，社会各界反响热烈，优学派受到了新华社等媒体的广泛关注及报道。

图 1　疫情期间，学生在家使用优学派免费资源学习

图 2　新华网对优学派助力“停课不停学”进行专题报道

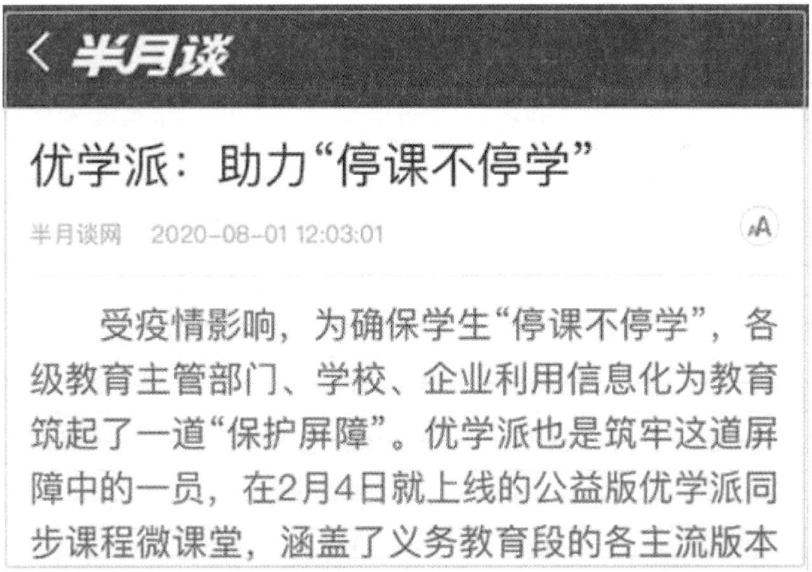

半月谈

优学派：助力“停课不停学”

半月谈网　2020-08-01 12:03:01

受疫情影响，为确保学生“停课不停学”，各级教育主管部门、学校、企业利用信息化为教育筑起了一道“保护屏障”。优学派也是筑牢这道屏障中的一员，在2月4日就上线的公益版优学派同步课程微课堂，涵盖了义务教育段的各主流版本

图 3　半月谈对优学派助力“停课不停学”进行专题报道

图 4　湖北通城县城关中学“战疫”纪实（1）

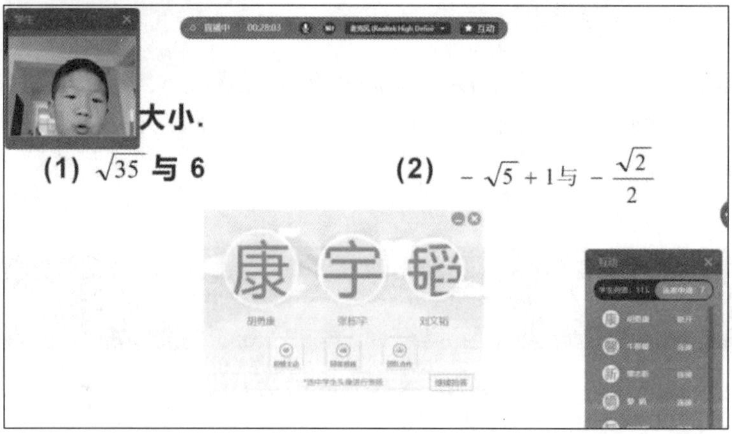

图 5　湖北通城县城关中学“战疫”纪实（2）

图 6　广西钦州市第二中学初中部师生精心战“疫”，“智慧”博学（1）

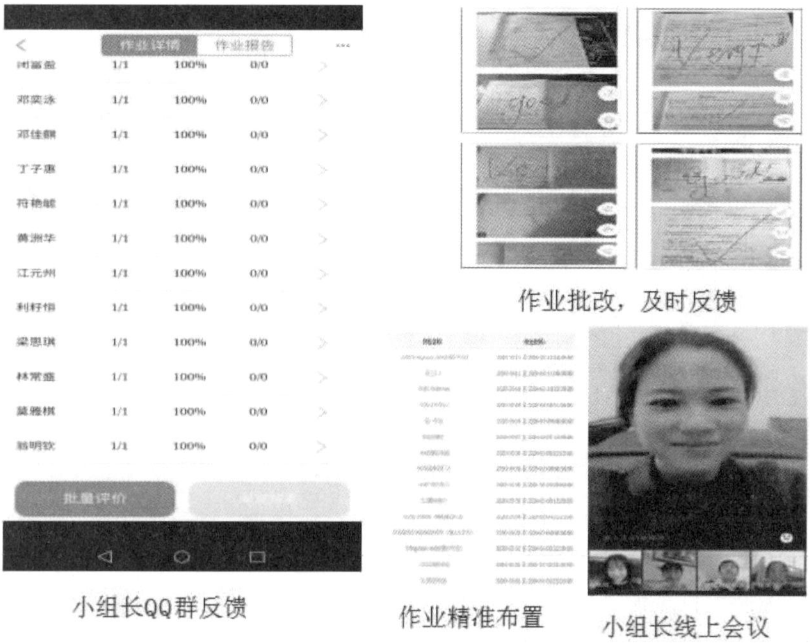

图 7　广西钦州市第二中学初中部师生精心战“疫”，“智慧”博学（2）

图 8　山东省德州市太阳城学校开展优学派智慧课堂研修培训

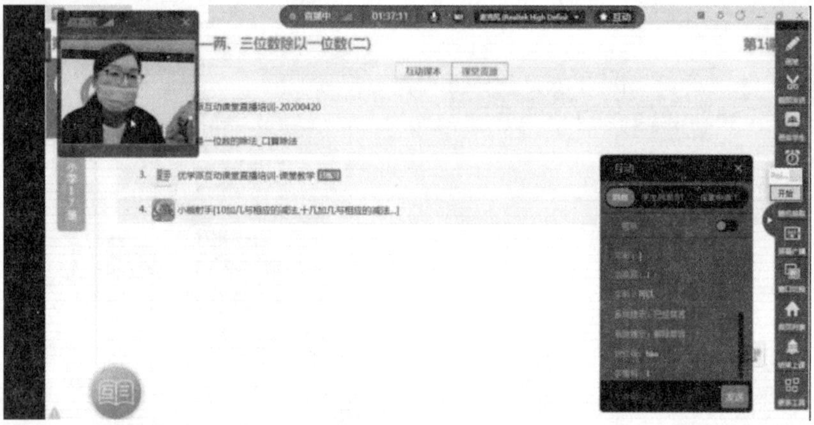

图 9　山东省德州市太阳城学校利用优学派开展线上教研活动

【爱心捐赠，扶贫助学】

作为教育信息化的积极参与者和推进者，优学派一如既往地秉承着“让学习更高效，让教育更公平”的企业使命，积极投入教育公益事业。过去两年，优学派先后向云南、陕西、山西、湖南等偏远地区的多所学校捐赠现代教育技术设备和平台，希望通过捐赠行为让优质教育资源开放共享，让偏远地区的学生能与大城市学生享受同等优质教育资源，让更多学生健康、快乐成长。

图 10　2018 年，优学派在四川省广元市苍溪县的捐赠仪式

图 11　2018 年，优学派在永宁小学的捐赠仪式

图 12　2018 年，优学派在贵州省剑河县观摩活动现场（1）

图 13　2018 年，优学派在贵州省剑河县观摩活动现场（2）

图 14　2018 年，优学派在湖南省湘西土家族苗族自治州花垣县

图 15　2018 年，优学派在湖南省韶山市

三、交流研讨，共促教育均衡发展

优学派积极协助各地各校搭建相互学习、共同提升的平台，通过校内、校际间观摩课展示活动，展示“智慧课堂”教学模式在教育教学实践中的应用；通过专家点评及讲座等活动，总结“智慧课堂”在实践中的经验，推广“智慧课堂”创新应用；通过观摩研讨活动，持续更新教师教育教学理念，进一步提升教师信息素养，努力加快智慧教育的前进步伐，积极探索信息技术与学科的深度融合。

图 16　优学派助力秦巴山区教育信息化发展（1）

图 17　优学派助力秦巴山区教育信息化发展（2）

图 18　江苏徐州市基础教育全面学南通现场会（1）

图 19 江苏徐州市基础教育全面学南通现场会（2）

图 20 兰州市“智慧课堂”试点示范项目交流观摩研讨会（1）

图 21　兰州市“智慧课堂”试点示范项目交流观摩研讨会（2）

图 22　兰州市“智慧课堂”试点示范项目交流观摩研讨会（3）

图 23　四川省宜宾市叙州区首届“叙州智慧 12 校”论坛活动（1）

图 24　四川省宜宾市叙州区首届“叙州智慧 12 校”论坛活动（2）

图 25　山西省大同四十五校举办“智慧课堂”教学观摩研讨活动（1）

图 26　山西省大同四十五校举办“智慧课堂”教学观摩研讨活动（2）

图 27　陕西西安市智慧课堂教学应用与实践研讨大会（1）

图 28　陕西西安市智慧课堂教学应用与实践研讨大会（2）

后 记

迄今为止，人类历史上经历了三次工业革命：第一次工业革命（工业）开创了“蒸汽时代”，标志着农耕文明向工业文明的过渡；第二次工业革命迎来了“电气时代”，资本主义生产的社会化大大加强，垄断组织应运而生；第三次工业革命促使人类进入“信息时代”，社会经济结构和生活结构发生了重大的变化。当前，以大数据、人工智能、区块链等为代表的智能信息技术正引发第四次工业革命，推动人类迎来人机协同、跨界融合、共创分享的“智能时代”。技术革命的发展和社会形态的变迁，将进一步影响教育变革的方向，也会对人才培养提出新的需求。

过去，我们的教育模式在大规模的普及知识和传授技能方面有着非常明显的优势，为工业生产流水线输送了大量符合标准的产业人才。但随着人工智能时代的到来，我们不得不重新审视过去的教育模式。因为人工智能就是通过识别和记忆已有的知识来工作，如此一来它就有可能替代甚至超越那些死记硬背和大量做题的人脑。也就是说，如果我们的学生只具备复制和模仿的能力，那他们的饭碗将会被机器人给抢走。正如清华大学钱颖一教授所说：“一个很可能发生的情况是，未来的人工智能会让我们（中国）教育制度下培养学生的优势荡然无存。”因此，培养什么人，如何培养人，是当前及未来我们的教育首要明确的问题。蔡元培先生曾说：“教育者，非为已往，非为现在，而专为将来。”

2019年，中共中央、国务院印发的《中国教育现代化2035》提出了“加强创新人才特别是拔尖创新人才的培养，加大应用型、复合型、技术技能型人才培养比重”的人才培养目标，同时也提出了“利用现代技术加快推动人才培养模式改革，实现规模化教育与个性化培养的有机结合”的人才培养途径，并进一步在《加快推进教育现代化实施方案（2018—2022年）》中具体提出要大力推进教育信息化，促进信息技术与教育教学深度融合。可见，以教育信息化助推教育现代化的发展是当前教育改革的“主旋律”。

基于此，深圳市优学天下教育发展股份有限公司（简称“优学派”）作为中国教育信息化产业的积极推进者，一直在为各地项目学校提供服务，支持学校展开基于新技术、新媒体、新设备深度融入的教育教学改革与实验探索。2019—2020年度，优学派总裁及小东先生带领编委团队，将专家、学校教师所产生的研究成果结集成书，汇编成学术专著《智慧教育与教育智慧——优学派推进智能时代教学改革的实验与探索（2020年）》，为正在或者希望借助优学派推动教学改革的区域和学校提供了实践思路与启发，受到了广泛的认可。这让我们更加坚定：在今后的每一年，继续以“智慧教育与教育智慧”为方向，围绕教育信息化发展的主题，与项目学校共同探索、共同研究，以期产生更多有价值的基于新技术、新媒体、新设备的理论与实践成果，为中国教育现代化的实现做出微小贡献。

北京师范大学余胜泉教授在《中国基础教育大数据发展蓝皮书（2015）》发布会上指出“数据将成为学校的最重要资产!”，江苏师范大学杨现民教授在2020校长信息化领导力培训上也说“未来学校是一所以数据为基的学校”，可见，数据的获取、分析与应用是学校教育信息化的关键。2020—2021年度，我们以“优学派支持下的精准教与学”为研究主题，聚焦数据在教育管理、教学实施等方面的应用与成效，向项目学校广泛征集研究成果，汇编成第二本专著《智慧教育与教育智慧——优学派支持下的精准教与学》，用案例说明数据是如何优化、指导教师的教和学生的学以及数据如何帮助管理者实现“科学决策”。同时，我们也清楚：学校的教育实践并非一朝一夕就能达到“用数据而思、因数据而定、随数据而行”的理念高度，因此我们助力学校从“技术融入，优化教与学；数据赋能，创新教与学；智慧引领，驱动学校发展”三个维度循序渐进地展开研究并提炼成果，希望可以为处在不同阶段的、有不同想法的教师、教育管理者们提供借鉴与启发。

此书的出版，离不开大家的支持。首先，要感谢为本书作序并提供理论指导的焦建利教授，为我们的研究指明方向，让我们的实践更有深度。其次，要感谢全国2000余所项目学校一直以来对优学派的理解、信任与支持，感谢主动并积极借助优学派开展教育教学实践研究并为本书提供优秀案例和成果的学校领导、骨干教师。最后，感谢为本书的正式出版付出努力的各位同仁。书中难免有纰漏，恳请各位读者批评指正。